OEUVRES COMPLÈTES

DE

F. DE LA MENNAIS.

TOME XI.

PARIS.—IMPRIMERIE DE BRUN, PAUL DAUBRÉE ET Cie,
Rue du Mail, 5.

OEUVRES COMPLÈTES

DE

F. DE LA MENNAIS.

TOME XI.

PAROLES D'UN CROYANT,

1833.

AUGMENTÉES

DE L'ABSOLUTISME ET DE LA LIBERTÉ, DE L'HISTOIRE DES PEUPLES
ITALIENS, DE L'HYMNE DES MORTS, DE L'HYMNE A LA POLOGNE,
DE LA PRÉFACE DE LA SERVITUDE, ET DE LA SERVITUDE VO-
LONTAIRE DE LA BOÉTIE.

PARIS,

PAUL DAUBRÉE ET CAILLEUX, ÉDITEURS,

RUE VIVIENNE, N° 17.

1836-1837

PRÉFACE

DE 1835.

AU PEUPLE.

Ce livre a été fait principalement pour vous ;
c'est à vous que je l'offre. Puisse-t-il au milieu
de tant de maux qui sont votre partage, de tant
de douleurs qui vous affaissent sans presque

aucun repos, vous ranimer et vous consoler un peu!

Vous qui portez le poids du jour, je voudrois qu'il pût être à votre pauvre âme fatiguée ce qu'est, sur le midi, au coin d'un champ, l'ombre d'un arbre, si chétif qu'il soit, à celui qui a travaillé tout le matin sous les ardens rayons du soleil.

Vous vivez en des temps mauvais, mais ces temps passeront.

Après les rigueurs de l'hiver, la Providence ramène une saison moins rude, et le petit oiseau bénit dans ses chants la main bienfaisante qui lui a rendu et la chaleur et l'abondance, et sa compagne et son doux nid.

Espérez et aimez. L'espérance adoucit tout, et l'amour rend toutes choses possibles.

Il y a en ce moment des hommes qui souffrent beaucoup parce qu'ils vous ont aimé beaucoup. Moi, leur frère, j'ai écrit le récit de ce qu'ils ont fait pour vous et de ce qu'on a fait contre eux à cause de cela, et lorsque la violence se sera usée d'elle-même je le publierai, et vous le lirez avec des pleurs alors moins amers, et vous aimerez aussi ces hommes qui vous ont tant aimé.

A présent, si je vous parlois de leur amour et de leurs souffrances on me jetteroit avec eux dans les cachots.

J'y descendrois avec une grande joie, si votre misère en pouvoit être un peu allégée ; mais vous n'en retireriez aucun soulagement, et c'est pourquoi il faut attendre et prier Dieu qu'il abrége l'épreuve.

Maintenant ce sont les hommes qui jugent et qui frappent : bientôt ce sera lui qui jugera. Heureux qui verra sa justice !

Je suis vieux : écoutez les paroles d'un vieillard.

La terre est triste et desséchée, mais elle reverdira. L'haleine du méchant ne passera pas éternellement sur elle comme un souffle qui brûle.

Ce qui se fait, la Providence veut que cela se fasse pour votre instruction, afin que vous appreniez à être bons et justes quand votre heure viendra.

Lorsque ceux qui abusent de la puissance

auront passé devant vous comme la boue des ruisseaux en un jour d'orage, alors vous comprendrez que le bien seul est durable, et vous craindrez de souiller l'air que le vent du ciel aura purifié.

Préparez vos âmes pour ce temps, car il n'est pas loin, il approche.

Le Christ, mis en croix pour vous, a promis de vous délivrer.

Croyez-en sa promesse, et, pour en hâter l'accomplissement, réformez ce qui en vous a besoin de réforme; exercez-vous à toutes les vertus, et aimez-vous les uns les autres comme le Sauveur de la race humaine vous a aimés, JUSQU'A LA MORT.

I.

Au nom du Père, et du Fils, et du Saint-Esprit. Amen.

Gloire à Dieu dans les hauteurs des cieux, et paix sur la terre aux hommes de bonne volonté.

Que celui qui a des oreilles entende ; que celui qui a des yeux les ouvre et regarde, car les temps approchent.

Le Père a engendré son Fils, sa parole, son Verbe, et le Verbe s'est fait chair, et il a habité parmi nous ; il est venu dans le monde, et le monde ne l'a point connu.

Le Fils a promis d'envoyer l'Esprit consolateur, l'Esprit qui procède du Père et de lui, et qui est leur amour mutuel ; il viendra et renouvellera la face de la terre, et ce sera comme une seconde création.

Il y a dix-huit siècles, le Verbe répandit la semence divine, et l'Esprit saint la féconda. Les hommes l'ont vue fleurir, ils ont goûté de ses fruits,
des fruits de l'arbre de vie replanté dans leur pauvre
demeure.

Je vous le dis, ce fut parmi eux une grande joie
quand ils virent paroître la lumière, et se sentirent
tout pénétrés d'un feu céleste.

A présent la terre est redevenue ténébreuse et
froide.

Nos pères ont vu le soleil décliner. Quand il des-
cendit sous l'horizon, toute la race humaine tressaillit. Puis il y eut, dans cette nuit, je ne sais quoi qui
n'a pas de nom. Enfans de la nuit, le couchant est
noir, mais l'orient commence à blanchir.

II.

Prêtez l'oreille, et dites-moi d'où vient ce bruit confus, vague, étrange, que l'on entend de tous côtés.

Posez la main sur la terre, et dites-moi pourquoi elle a tressailli.

Quelque chose que nous ne savons pas se remue dans le monde : il y a là un travail de Dieu.

Est-ce que chacun n'est pas dans l'attente? est-ce qu'il y a un cœur qui ne batte pas?

Fils de l'homme, monte sur les hauteurs, et annonce ce que tu vois.

Je vois à l'horizon un nuage livide, et autour une lueur rouge comme le reflet d'un incendie.

Fils de l'homme, que vois-tu encore?

Je vois la mer soulever ses flots, et les montagnes agiter leurs cimes.

Je vois les fleuves changer leur cours, les collines chanceler, et en tombant combler les vallées.

Tout s'ébranle, tout se meut, tout prend un nouvel aspect.

Fils de l'homme, que vois-tu encore?

Je vois des tourbillons de poussière dans le lointain, et ils vont en tout sens, et se choquent, et se mêlent et se confondent. Ils passent sur les cités, et, quand ils ont passé, on ne voit plus que la plaine.

Je vois les peuples se lever en tumulte et les rois pâlir sous leur diadème. La guerre est entre eux, une guerre à mort.

Je vois un trône, deux trônes brisés, et les peuples en dispersent les débris sur la terre.

Je vois un peuple combattre comme l'archange Michel combattoit contre Satan. Ses coups sont terribles, mais il est nu, et son ennemi est couvert d'une épaisse armure.

O Dieu! il tombe; il est frappé à mort. Non, il n'est que blessé. Marie, la vierge-mère, l'enveloppe de son manteau, lui sourit, et l'emporte pour un peu de temps hors du combat.

Je vois un autre peuple lutter sans relâche, et puiser de moment en moment des forces nouvelles dans cette lutte. Ce peuple a le signe du Christ sur le cœur.

Je vois un troisième peuple sur lequel six rois ont mis le pied; et toutes les fois qu'il fait un mouvement, six poignards s'enfoncent dans sa gorge.

Je vois sur un vaste édifice, à une grande hauteur

dans les airs, une croix que je distingue à peine, parce qu'elle est couverte d'un voile noir.

Fils de l'homme, que vois-tu encore?

Je vois l'Orient qui se trouble en lui-même. Il regarde ses antiques palais crouler, ses vieux temples tomber en poudre, et il lève les yeux comme pour chercher d'autres grandeurs et un autre Dieu.

Je vois vers l'occident une femme à l'œil fier, au front serein; elle trace d'une main ferme un léger sillon, et partout ou le soc passe je vois se lever des générations humaines qui l'invoquent dans leurs prières et la bénissent dans leurs chants.

Je vois au septentrion des hommes qui n'ont plus qu'un reste de chaleur concentrée dans leur tête, et qui l'enivre : mais le Christ les touche de sa croix, et le cœur recommence à battre.

Je vois au midi des races affaissées sous je ne sais quelle malédiction : un joug pesant les accable, elles marchent courbées; mais le Christ les touche de sa croix, et elles se redressent.

Fils de l'homme, que vois-tu encore?

Il ne répond point : crions de nouveau.

Fils de l'homme, que vois-tu?

Je vois Satan qui fuit, et le Christ entouré de ses anges qui vient pour régner.

III.

Et je fus transporté en esprit dans les temps anciens, et la terre étoit belle, et riche, et féconde; et
ses habitans vivoient heureux, parce qu'ils vivoient en
frères.

Et je vis le Serpent qui se glissoit au milieu d'eux :
il fixa sur plusieurs son regard puissant, et leur âme
se troubla, et ils s'approchèrent, et le Serpent leur
parla à l'oreille.

Et après avoir écouté la parole du Serpent, ils se levèrent et dirent : Nous sommmes rois.

Et le soleil pâlit, et la terre prit une teinte fu-
nèbre, comme celle du linceul qui enveloppe les
morts.

Et l'on entendit un sourd murmure, une longue
plainte, et chacun trembla dans son cœur.

En vérité, je vous le dis, ce fut comme au jour où

l'abîme rompit ses digues, et où déborda le déluge des grandes eaux.

La Peur s'en alla de cabane en cabane, car il n'y avoit point encore de palais, et elle dit à chacun des choses secrètes qui le firent frissonner.

Et ceux qui avoient dit : Nous sommes rois, prirent un glaive, et suivirent la Peur de cabane en cabane.

Et il se passa là des mystères étranges ; il y eut des chaînes, des pleurs et du sang.

Les hommes effrayés s'écrièrent : Le meurtre a reparu dans le monde. Et ce fut tout, parce que la Peur avoit transi leur âme, et ôté le mouvement à leurs bras.

Et ils se laissèrent charger de fers, eux et leurs femmes et leurs enfans. Et ceux qui avoient dit : Nous sommes rois, creusèrent comme une grande caverne ; et ils y enfermèrent toute la race humaine, ainsi qu'on enferme des animaux dans une étable.

Et la tempête chassoit les nuages, et le tonnerre grondoit, et j'entendis une voix qui disoit : Le Serpent a vaincu une seconde fois, mais pas pour toujours.

Après cela je n'entendis plus que des voix confuses, des rires, des sanglots, des blasphèmes.

Et je compris qu'il devoit y avoir un règne de Satan avant le règne de Dieu. Et je pleurai, et j'espérai.

Et la vision que je vis étoit vraie : car le règne de Satan s'est accompli, et le règne de Dieu s'accomplira

aussi; et ceux qui ont dit : Nous sommes rois, seront
à leur tour renfermés dans la caverne avec le Serpent,
et la race humaine en sortira; et ce sera pour elle
comme une autre naissance, comme le passage de la
mort à la vie. Ainsi soit-il !

IV.

Vous êtes fils d'un même père, et la même mère vous a allaités ; pourquoi donc ne vous aimez-vous pas les uns les autres comme des frères ? et pourquoi vous traitez-vous bien plutôt en ennemis ?

Celui qui n'aime pas son frère est maudit sept fois, et celui qui se fait l'ennemi de son frère est maudit septante fois sept fois.

C'est pourquoi les rois et les princes, et tous ceux que le monde appelle grands, ont été maudits : ils n'ont point aimé leurs frères et ils les ont traités en ennemis.

Aimez-vous les uns les autres, et vous ne craindrez ni les grands, ni les princes, ni les rois.

Ils ne sont forts contre vous que parce que vous n'êtes point unis, que parce que vous ne vous aimez pas comme des frères les uns les autres.

Ne dites point : Celui-là est d'un peuple , et moi je suis d'un autre peuple. Car tous les peuples ont eu sur la terre le même père , qui est Adam , et ont dans le ciel le même père , qui est Dieu.

Si l'on frappe un membre , tout le corps souffre. Vous êtes tous un même corps : on ne peut opprimer l'un de vous , que tous ne soient opprimés.

Si un loup se jette sur un troupeau , il ne le dévore pas tout entier sur-le-champ : il saisit un mouton et le mange. Puis sa faim étant revenue , il en saisit un autre et le mange : et ainsi jusqu'au dernier ; car sa faim revient toujours.

Ne soyez pas comme les moutons , qui , lorsque le loup a enlevé l'un d'eux , s'effraient un moment et puis se remettent à paître. Car, pensent-ils, peut-être se contentera-t-il d'une première ou d'une seconde proie : et qu'ai-je affaire de m'inquiéter de ceux qu'il dévore ? Qu'est-ce que cela me fait, à moi ? il ne me restera que plus d'herbe.

En vérité , je vous le dis , ceux qui pensent ainsi en eux-mêmes sont marqués pour être la pâture de la bête qui vit de chair et de sang.

V.

Quand vous voyez un homme conduit en prison et
au supplice, ne vous pressez pas de dire : Celui-là est
un homme méchant, qui a commis un crime contre
les hommes :

Car peut-être est-ce un homme de bien, qui a
voulu servir les hommes, et qui en est puni par leurs
oppresseurs.

Quand vous voyez un peuple chargé de fers et
livré au bourreau, ne vous pressez pas de dire : Ce
peuple est un peuple violent, qui vouloit troubler la
paix de la terre :

Car peut-être est-ce un peuple martyr, qui meurt
pour le salut du genre humain.

Il y a dix-huit siècles, dans une ville d'Orient, les
pontifes et les rois de ce temps-là clouèrent sur une

croix, après l'avoir battu de verges, un séditieux,
un blasphémateur, comme ils l'appeloient.

Le jour de sa mort, il y eut une grande terreur
dans l'enfer, et une grande joie dans le ciel :

Car le sang du Juste avoit sauvé le monde.

———

VI.

Pourquoi les animaux trouvent-ils leur nourriture, chacun suivant son espèce? c'est que nul parmi eux ne dérobe celle d'autrui, et que chacun se contente de ce qui suffit à ses besoins.

Si, dans la ruche, une abeille disoit : Tout le miel qui est ici est à moi, et que là-dessus elle se mît à disposer comme elle l'entendroit des fruits du travail commun, que deviendroient les autres abeilles?

La terre est comme une grande ruche, et les hommes sont comme des abeilles.

Chaque abeille a droit à la portion de miel nécessaire à sa subsistance; et si, parmi les hommes, il en est qui manquent de ce nécessaire, c'est que la justice et la charité ont disparu d'au milieu d'eux.

La justice, c'est la vie; et la charité c'est encore la vie, et une plus douce et une plus abondante vie.

2.

Il s'est rencontré de faux prophètes qui ont persuadé à quelques hommes que tous les autres étoient nés pour eux ; et ce que ceux-ci ont cru, les autres l'ont cru aussi sur la parole des faux prophètes.

Lorsque cette parole de mensonge prévalut, les anges pleurèrent dans le ciel, car ils prévirent que beaucoup de violences, et beaucoup de crimes, et beaucoup de maux alloient déborder sur la terre.

Les hommes, égaux entre eux, sont nés pour Dieu seul, et quiconque dit une chose contraire dit un blasphème.

Que celui qui veut être le plus grand parmi vous soit votre serviteur ; et que celui qui veut être le premier parmi vous soit le serviteur de tous.

La loi de Dieu est une loi d'amour, et l'amour ne s'élève point au-dessus des autres, mais il se sacrifie aux autres.

Celui qui dit dans son cœur : Je ne suis pas comme les autres hommes, mais les autres hommes m'ont été donnés pour que je leur commande, et que je dispose d'eux et de ce qui est à eux à ma fantaisie ; celui-là est fils de Satan.

Et Satan est le roi de ce monde, car il est le roi de tous ceux qui pensent et agissent ainsi ; et ceux qui pensent et agissent ainsi se sont rendus, par ses conseils, les maîtres du monde.

Mais leur empire n'aura qu'un temps, et nous touchons à la fin de ce temps.

Un grand combat sera livré, et l'ange de la justice et l'ange de l'amour combattront avec ceux qui se seront armés pour rétablir parmi les hommes le règne de la justice et le règne de l'amour.

Et beaucoup mourront dans ce combat, et leur nom restera sur la terre comme un rayon de la gloire de Dieu.

C'est pourquoi, vous qui souffrez, prenez courage, fortifiez votre cœur : car demain sera le jour de l'épreuve, le jour où chacun devra donner avec joie sa vie pour ses frères ; et celui qui suivra, sera le jour de la délivrance.

VII.

Lorsqu'un arbre est seul, il est battu des vents et dépouillé de ses feuilles; et ses branches, au lieu de s'élever, s'abaissent comme si elles cherchoient la terre.

Lorsqu'une plante est seule, ne trouvant point d'abri contre l'ardeur du soleil, elle languit et se dessèche, et meurt.

Lorsque l'homme est seul, le vent de la puissance le courbe vers la terre, et l'ardeur de la convoitise des grands de ce monde absorbe la sève qui le nourrit.

Ne soyez donc point comme la plante et comme l'arbre qui sont seuls : mais unissez-vous les uns aux autres, et appuyez-vous, et abritez-vous mutuellement.

Tandis que vous serez désunis, et que chacun ne songera qu'à soi, vous n'avez rien à espérer que souffrance, et malheur, et oppression.

Qu'y a-t-il de plus foible que le passereau, et de plus désarmé que l'hirondelle? Cependant, quand paroît l'oiseau de proie, les hirondelles et les passereaux parviennent à le chasser, en se rassemblant autour de lui, et le poursuivant tous ensemble.

Prenez exemple sur le passereau et sur l'hirondelle.

Celui qui se sépare de ses frères, la crainte le suit quand il marche, s'assied près de lui quand il repose, et ne le quitte pas même durant son sommeil.

Donc, si l'on vous demande : Combien êtes-vous? répondez : Nous sommes un, car nos frères c'est nous, et nous c'est nos frères.

Dieu n'a fait ni petits ni grands, ni maîtres ni esclaves, ni rois ni sujets : il a fait tous les hommes égaux.

Mais, entre les hommes, quelques-uns ont plus de force ou de corps, ou d'esprit, ou de volonté, et ce sont ceux-là qui cherchent à s'assujettir les autres, lorsque l'orgueil ou la convoitise étouffe en eux l'amour de leurs frères.

Et Dieu savoit qu'il en seroit ainsi, et c'est pourquoi il a commandé aux hommes de s'aimer, afin qu'ils fussent unis, et que les foibles ne tombassent point sous l'oppression des forts.

Car celui qui est plus fort qu'un seul, sera moins fort que deux, et celui qui est plus fort que deux sera moins fort que quatre; et ainsi les foibles ne craindront rien, lorsque, s'aimant les uns les autres, ils seront unis véritablement.

Un homme voyageoit dans la montagne, et il arriva en un lieu où un gros rocher , ayant roulé sur le chemin, le remplissoit tout entier, et hors du chemin il n'y avoit point d'autre issue, ni à gauche, ni à droite.

Or cet homme , voyant qu'il ne pouvoit continuer son voyage à cause du rocher, essaya de le mouvoir pour se faire un passage, et il se fatigua beaucoup à ce travail, et tous ses efforts furent vains.

Ce que voyant, il s'assit plein de tristesse et dit : Que sera-ce de moi lorsque la nuit viendra et me surprendra dans cette solitude, sans nourriture, sans abri, sans aucune défense, à l'heure où les bêtes féroces sortent pour chercher leur proie ?

Et comme il étoit absorbé dans cette pensée, un autre voyageur survint , et celui-ci ayant fait ce qu'avoit fait le premier et s'étant trouvé aussi impuissant à remuer le rocher, s'assit en silence et baissa la tête.

Et après celui-ci, il en vint plusieurs autres, et aucun ne put mouvoir le rocher, et leur crainte à tous étoit grande.

Enfin l'un d'eux dit aux autres : Mes frères, prions notre Père qui est dans les cieux ; peut-être qu'il aura pitié de nous dans cette détresse.

Et cette parole fut écoutée, et ils prièrent de cœur le Père qui est dans les cieux.

Et quand ils eurent prié, celui qui avoit dit : Prions, dit encore : Mes frères, ce qu'aucun de nous n'a pu faire seul, qui sait si nous ne le ferons pas tous ensemble ?

Et ils se levèrent, et tous ensemble ils poussèrent

le rocher, et le rocher céda, et ils poursuivirent leur route en paix.

Le voyageur c'est l'homme, le voyage c'est la vie, le rocher ce sont les misères qu'il rencontre à chaque pas sur sa route.

Aucun homme ne sauroit soulever seul ce rocher ; mais Dieu en a mesuré le poids de manière qu'il n'arrête jamais ceux qui voyagent ensemble.

VIII.

Au commencement le travail n'étoit pas nécessaire à l'homme pour vivre : la terre fournissoit
d'elle-même à tous ses besoins.

Mais l'homme fit le mal; et comme il s'étoit ré-
volté contre Dieu, la terre se révolta contre lui.

Il lui arriva ce qui arrive à l'enfant qui se révolte
contre son père : le père lui retire son amour, et il
l'abandonne à lui-même; et les serviteurs de la maison refusent de le servir, et il s'en va cherchant çà
et là sa pauvre vie, et mangeant le pain qu'il a gagné
à la sueur de son visage.

Depuis lors donc, Dieu a condamné tous les
hommes au travail : et tous ont leur labeur, soit du
corps, soit de l'esprit; et ceux qui disent : Je ne tra-
vaillerai point, sont les plus misérables.

Car comme les vers dévorent un cadavre, les vices

les dévorent; et si ce ne sont les vices, c'est l'ennui.

Et quand Dieu voulut que l'homme travaillât, il cacha un trésor dans le travail, parce qu'il est père, et que l'amour d'un père ne meurt point.

Et celui qui fait un bon usage de ce trésor, et qui ne le dissipe point en insensé, il vient pour lui un temps de repos, et alors il est comme les hommes étoient au commencement.

Et Dieu leur donna encore ce précepte : Aidez-vous les uns les autres, car il y en a parmi vous de plus forts et de plus foibles, d'infirmes et de bien portans; et cependant tous doivent vivre.

Et si vous faites ainsi, tous vivront, parce que je récompenserai la pitié que vous aurez eue pour vos frères, et je rendrai votre sueur féconde.

Et ce que Dieu a promis s'est vérifié toujours, et jamais on n'a vu celui qui aide ses frères manquer de pain.

Or il y eut autrefois un homme méchant et maudit du ciel. Et cet homme étoit fort, et il haïssoit le travail; de sorte qu'il se dit : Comment ferai-je? si je ne travaille point, je mourrai; et le travail m'est insupportable.

Alors il lui entra une pensée de l'enfer dans le cœur. Il s'en alla de nuit, et saisit quelques-uns de ses frères pendant qu'ils dormoient, et les chargea de chaînes.

Car, disoit-il, je les forcerai, avec les verges et le fouet, à travailler pour moi, et je mangerai le fruit de leur travail.

Et il fit ce qu'il avoit pensé : et d'autres, voyant cela, en firent autant, et il n'y eut plus de frères ; il y eut des maîtres et des esclaves.

Ce jour fut un jour de deuil sur toute la terre.

Long-temps après il y eut un autre homme plus méchant que le premier et plus maudit du ciel.

Voyant que les hommes s'étoient partout multipliés, et que leur multitude étoit innombrable, il se dit :

Je pourrois bien peut-être en enchaîner quelques-uns et les forcer à travailler pour moi ; mais il les faudroit nourrir, et cela diminueroit mon gain. Faisons mieux, qu'ils travaillent pour rien. Ils mourront à la vérité ; mais comme leur nombre est grand, j'amasserai des richesses avant qu'ils aient diminué beaucoup, et il en restera toujours assez.

Or toute cette multitude vivoit de ce qu'elle recevoit en échange de son travail.

Ayant donc parlé de la sorte, il s'adressa en particulier à quelques-uns, et il leur dit : Vous travaillez pendant six heures, et l'on vous donne une pièce de monnoie pour votre travail ;

Travaillez pendant douze heures, et vous gagnerez deux pièces de monnoie, et vous vivrez bien mieux, vous, vos femmes et vos enfans.

Et ils le crurent.

Il leur dit ensuite : Vous ne travaillez que la moitié des jours de l'année ; travaillez tous les jours de l'année, et votre gain sera double.

Et ils le crurent encore.

Or il arriva de là que la quantité de travail étant devenue plus grande de moitié, sans que le besoin de travail fût plus grand, la moitié de ceux qui vivoient auparavant de leur labeur, ne trouvèrent plus personne qui les employât.

Alors l'homme méchant qu'ils avoient cru, leur dit : Je vous donnerai du travail à tous, à la condition que vous travaillerez le même temps, et que je ne vous paierai que la moitié de ce que je vous payois ; car je veux bien vous rendre service, mais je ne veux pas me ruiner.

Et comme ils avoient faim, eux, leurs femmes et leurs enfans, ils acceptèrent la proposition de l'homme méchant, et ils le bénirent : car, disoient-ils, il nous donne la vie.

Et, continuant de les tromper de la même manière, l'homme méchant augmenta toujours plus leur travail, et diminua toujours plus leur salaire.

Et ils mouroient faute du nécessaire, et d'autres s'empressoient de les remplacer, car l'indigence étoit devenue si profonde dans ce pays que les familles entières se vendoient pour un morceau de pain.

Et l'homme méchant qui avoit menti à ses frères amassa plus de richesses que l'homme méchant qui les avoit enchaînés.

Le nom de celui-ci est tyran ; l'autre n'a de nom qu'en enfer.

IX.

Vous êtes dans ce monde comme des étrangers.

Allez au nord et au midi, à l'orient et à l'occident, en quelque endroit que vous vous arrêtiez, vous trouverez un homme qui vous en chassera, en disant : Ce champ est à moi.

Et après avoir parcouru tous les pays, vous reviendrez sachant qu'il n'y a nulle part un pauvre petit coin de terre où votre femme en travail puisse enfanter son premier-né, où vous puissiez reposer après votre labeur, où, arrivé au dernier terme, vos enfans puissent enfouir vos os, comme dans un lieu qui soit à vous.

C'est là, certes, une grande misère.

Et pourtant vous ne devez pas vous trop affliger, car il est écrit de celui qui a sauvé la race humaine :

Le renard a sa tanière, les oiseaux du ciel ont leur nid, mais le Fils de l'homme n'a pas où reposer sa tête.

Or il s'est fait pauvre pour vous apprendre à supporter la pauvreté.

Ce n'est pas que la pauvreté vienne de Dieu, mais elle est une suite de la corruption et des mauvaises convoitises des hommes; et c'est pourquoi il y aura toujours des pauvres.

La pauvreté est fille du péché, dont le germe est en chaque homme, et de la servitude, dont le germe est en chaque société.

Il y aura toujours des pauvres, parce que l'homme ne détruira jamais le péché en soi.

Il y aura toujours moins de pauvres, parce que peu à peu la servitude disparoîtra de la société.

Voulez-vous travailler à détruire la pauvreté, travaillez à détruire le péché, en vous premièrement, puis dans les autres, et la servitude dans la société.

Ce n'est pas en prenant ce qui est à autrui qu'on peut détruire la pauvreté; car comment en faisant des pauvres, diminueroit-on le nombre des pauvres?

Chacun a droit de conserver ce qu'il a, sans quoi personne ne posséderoit rien.

Mais chacun a droit d'acquérir par son travail ce qu'il n'a pas, sans quoi la pauvreté seroit éternelle.

Affranchissez donc votre travail, affranchissez vos

bras ; et la pauvreté ne sera plus parmi les hommes qu'une exception permise de Dieu, pour leur rappeler l'infirmité de leur nature et le secours mutuel et l'amour qu'ils se doivent les uns aux autres.

X.

Lorsque toute la terre gémissoit dans l'attente de la délivrance, une voix s'éleva de la Judée, la voix de Celui qui venoit souffrir et mourir pour ses frères, et que quelques uns appeloient par dédain le Fils du charpentier.

Le Fils donc du charpentier, pauvre et délaissé en ce monde, disoit :

« Venez à moi, vous tous qui haletez sous le poids » du travail, et je vous ranimerai. »

Et depuis ce temps-là jusqu'à ce jour, pas un de ceux qui ont cru en lui n'est demeuré sans soulagement dans sa misère.

Pour guérir les maux qui affligent les hommes, il prêchoit à tous la justice qui est le commencement de la charité, et la charité qui est la consommation de la justice.

3.

Or la justice commande de respecter le droit d'autrui, et quelquefois la charité veut que l'on abandonne le sien même, à cause de la paix ou de quelque autre bien.

Que seroit le monde, si le droit cessoit d'y régner, si chacun n'étoit en sûreté de sa personne, et ne jouissoit sans crainte de ce qui lui appartient ?

Mieux vaudroit vivre au sein des forêts, que dans une société ainsi livrée au brigandage.

Ce que vous prendrez aujourd'hui, un autre vous le prendra demain. Les hommes seront plus misérables que les oiseaux du ciel, à qui les autres oiseaux ne ravissent ni leur pâture ni leur nid.

Qu'est-ce qu'un pauvre? C'est celui qui n'a point encore de propriété.

Que souhaite-t-il? De cesser d'être pauvre, c'est-à-dire d'acquérir une propriété.

Or celui qui dérobe, qui pille, que fait-il, sinon abolir autant qu'il est en lui le droit même de propriété?

Piller, voler, c'est donc attaquer le pauvre aussi bien que le riche; c'est renverser le fondement de toute société parmi les hommes.

Quiconque ne possède rien, ne peut arriver à posséder que parce que d'autres possèdent déjà; puisque ceux-là seuls peuvent lui donner quelque chose en échange de son travail.

L'ordre est le bien, l'intérêt de tous.

Ne buvez point à la coupe du crime : au fond est l'amère détresse et l'angoisse et la mort.

XI.

Et j'avois vu les maux qui arrivent sur la terre, le foible opprimé, le juste mendiant son pain, le méchant élevé aux honneurs et regorgeant de richesses, l'innocent condamné par des juges iniques, et ses enfans errans sous le soleil.

Et mon âme étoit triste, et l'espérance en sortoit de toutes parts comme d'un vase brisé.

Et Dieu m'envoya un profond sommeil.

Et dans mon sommeil, je vis comme une forme lumineuse, debout près de moi, un Esprit dont le regard doux et perçant pénétroit jusqu'au fond de mes pensées les plus secrètes.

Et je tressaillis, non de crainte ni de joie, mais comme d'un sentiment qui seroit un mélange inexprimable de l'une et de l'autre.

Et l'Esprit me dit : Pourquoi es-tu triste ?

Et je répondis en pleurant : Oh ! voyez les maux qui sont sur la terre.

Et la forme céleste se prit à sourire d'un sourire ineffable, et cette parole vint à mon oreille :

Ton œil ne voit rien qu'à travers ce milieu trompeur que les créatures nomment le temps. Le temps n'est que pour toi : il n'y a point de temps pour Dieu.

Et je me taisois, car je ne comprenois pas.

Tout-à-coup l'Esprit : Regarde, dit-il.

Et, sans qu'il y eût désormais pour moi ni avant ni après, en un même instant je vis à la fois ce que, dans leur langue infirme et défaillante, les hommes appellent passé, présent, avenir.

Et tout cela n'étoit qu'un ; et cependant, pour dire ce que je vis, il faut que je redescende au sein du temps, il faut que je parle la langue infirme et défaillante des hommes.

Et toute la race humaine me paroissoit comme un seul homme.

Et cet homme avoit fait beaucoup de mal, peu de bien ; avoit senti beaucoup de douleurs, peu de joies.

Et il étoit là, gisant dans sa misère, sur une terre tantôt glacée, tantôt brûlante, maigre, affamé, souffrant, affaissé d'une langueur entremêlée de convulsions, accablé de chaînes forgées dans la demeure des démons.

Sa main droite en avoit chargé sa main gauche, et la gauche en avoit chargé la droite, et au milieu

de ses rêves mauvais il s'étoit tellement roulé dans ses
fers, que tout son corps en étoit couvert et serré.

Car dès qu'ils le touchoient seulement, ils se col-
loient à sa peau comme du plomb bouillant, ils en-
troient dans la chair et n'en sortoient plus.

Et c'étoit là l'homme, je le reconnus.

Et voilà, un rayon de lumière partoit de l'orient,
et un rayon d'amour du midi, et un rayon de force
du septentrion.

Et ces trois rayons s'unirent sur le cœur de cet
homme.

Et quand partit le rayon de lumière, une voix
dit : Fils de Dieu, frère du Christ, sache ce que tu
dois savoir.

Et quand partit le rayon d'amour, une voix dit :
Fils de Dieu, frère du Christ, aime qui tu dois
aimer.

Et quand partit le rayon de force, une voix dit :
Fils de Dieu, frère du Christ, fais ce qui doit être
fait.

Et quand les trois rayons se furent unis, les trois
voix s'unirent aussi, et il s'en forma une seule voix
qui dit :

Fils de Dieu, frère du Christ, sers Dieu et ne sers
que lui seul.

Et alors ce qui jusque-là ne m'avoit semblé qu'un
homme, m'apparut comme une multitude de peuples
et de nations.

Et mon premier regard ne m'avoit pas trompé, et
le second ne me trompoit pas non plus.

Et ces peuples et ces nations, se réveillant sur leur lit d'angoisse, commencèrent à se dire :

D'où viennent nos souffrances et notre langueur, et la faim et la soif qui nous tourmentent, et les chaînes qui nous courbent vers la terre et entrent dans notre chair?

Et leur intelligence s'ouvrit, et ils comprirent que les fils de Dieu, les frères du Christ, n'avoient pas été condamnés par leur père à l'esclavage, et que cet esclavage étoit la source de tous leurs maux.

Chacun donc essaya de rompre ses fers, mais nul n'y parvint.

Et ils se regardèrent les uns les autres avec une grande pitié, et, l'amour agissant en eux, ils se dirent : Nous avons tous la même pensée, pourquoi n'aurions-nous pas tous le même cœur? ne sommes-nous pas tous les fils du même Dieu et les frères du même Christ? Sauvons-nous, ou mourons ensemble.

Et ayant dit cela, ils sentirent en eux une force divine, et j'entendis leurs chaînes craquer, et ils combattirent six jours contre ceux qui les avoient enchaînés, et le sixième jour ils furent vainqueurs, et le septième fut un jour de repos.

Et la terre, qui étoit sèche, reverdit, et tous pûrent manger de ses fruits, et aller et venir sans que personne leur dît : Où allez-vous? on ne passe point ici.

Et les petits enfans cueilloient des fleurs, et les apportoient à leur mère, qui doucement leur sourioit.

Et il n'y avoit ni pauvres ni riches, mais tous avoient en abondance les choses nécessaires à leurs besoins, parce que tous s'aimoient et s'aidoient en frères.

Et une voix, comme la voix d'un ange, retentit dans les cieux : Gloire à Dieu qui a donné l'intelligence, l'amour, la force à ses enfans! gloire au Christ qui a rendu à ses frères la liberté !

XII.

Lorsqu'un de vous souffre une injustice; lorsque, dans sa route à travers le monde, l'oppresseur le renverse, et met le pied sur lui : s'il se plaint, nul ne l'entend.

Le cri du pauvre monte jusqu'à Dieu, mais il n'arrive pas à l'oreille de l'homme.

Et je me suis demandé : D'où vient ce mal? est-ce que celui qui a créé le pauvre comme le riche, le foible comme le puissant, auroit voulu ôter aux uns toute crainte dans leurs iniquités, aux autres toute espérance dans leur misère?

Et j'ai vu que c'étoit là une pensée horrible, un blasphème contre Dieu.

Parce que chacun de vous n'aime que soi, parce qu'il se sépare de ses frères, parce qu'il est seul et veut être seul, sa plainte n'est point entendue.

Au printemps, lorsque tout se ranime, il sort de l'herbe un bruit qui s'élève comme un long murmure.

Ce bruit, formé de tant de bruits qu'on ne les pourroit compter, est la voix d'un nombre innombrable de pauvres petites créatures imperceptibles.

Seule, aucune d'elles ne seroit entendue : toutes ensemble, elles se font entendre.

Vous êtes aussi cachés sous l'herbe, pourquoi n'en sort-il aucune voix ?

Quand on veut passer une rivière rapide, on se forme en une longue file sur deux rangs, et, rapprochés de la sorte, ceux qui n'auroient pu, isolés des autres, résister à la force des eaux, la surmontent sans peine.

Faites ainsi, et vous romprez le cours de l'iniquité, qui vous emporte lorsque vous êtes seuls, et vous jette brisés sur la rive.

Que vos résolutions soient lentes, mais fermes. Ne vous laissez aller ni à un premier, ni à un second mouvement.

Mais si l'on a commis contre vous quelque injustice, commencez par bannir tout sentiment de haine de votre cœur, et puis, levant les mains et les yeux en haut, dites à votre Père qui est dans les cieux :

O Père, vous êtes le protecteur de l'innocent et de l'opprimé; car c'est votre amour qui a créé le monde, et c'est votre justice qui le gouverne.

Vous voulez qu'elle règne sur la terre, et le méchant y oppose sa volonté mauvaise.

C'est pourquoi nous avons résolu de combattre le méchant.

O Père! donnez le conseil à notre esprit, et la force à notre bras!

Quand vous aurez ainsi prié du fond de votre âme, combattez et ne craignez rien.

Si d'abord la victoire paroît s'éloigner de vous, ce n'est qu'une épreuve, elle reviendra; car votre sang sera comme le sang d'Abel égorgé par Caïn, et votre mort comme celle des martyrs.

XIII.

C'étoit dans une nuit sombre; un ciel sans astres pesoit sur la terre, comme un couvercle de marbre noir sur un tombeau.

Et rien ne troubloit le silence de cette nuit, si ce n'est un bruit étrange, comme d'un léger battement d'ailes, que de fois à autre on entendoit au-dessus des campagnes et des cités ;

Et alors les ténèbres s'épaississoient, et chacun sentoit son âme se serrer et le frisson courir dans ses veines.

Et dans une salle tendue de noir et éclairée d'une lampe rougeâtre, sept hommes vêtus de pourpre et la tête ceinte d'une couronne, étoient assis sur sept siéges de fer.

Et au milieu de la salle s'élevoit un trône composé d'ossemens ; et au pied du trône, en guise d'escabeau, étoit un crucifix renversé ; et devant le trône, une table d'ébène ; et sur la table, un vase plein de sang rouge et écumeux, et un crâne humain.

Et les sept hommes couronnés paroissoient pensifs et tristes, et, du fond de son orbite creux, leur œil de temps en temps laissoit échapper des étincelles d'un feu livide.

Et l'un deux s'étant levé s'approcha du trône en chancelant, et mit le pied sur le crucifix.

En ce moment ses membres tremblèrent, et il sembla près de défaillir. Les autres le regardoient immobiles ; ils ne firent pas le moindre mouvement, mais je ne sais quoi passa sur leur front, et un sourire qui n'est pas de l'homme contracta leurs lèvres.

Et celui qui avoit semblé près de défaillir étendit la main, saisit le vase plein de sang, en versa dans le crâne, et le but.

Et cette boisson parut le fortifier.

Et dressant la tête, ce cri sortit de sa poitrine comme un sourd râlement :

Maudit soit le Christ, qui a ramené sur la terre la Liberté !

Et les six autres hommes couronnés se levèrent tous ensemble, et tous ensemble poussèrent le même cri :

Maudit soit le Christ, qui a ramené sur la terre la Liberté !

Après quoi s'étant rassis sur leurs siéges de fer, le premier dit :

Mes frères, que ferons-nous pour étouffer la Liberté : car notre règne est fini, si le sien commence ?

Notre cause est la même : que chacun propose ce qui
lui semblera bon.

Voici pour moi le conseil que je donne. Avant que
le Christ vînt, qui se tenoit debout devant nous? C'est
sa religion qui nous a perdus : abolissons la religion
du Christ.

Et tous répondirent : Il est vrai. Abolissons la religion du Christ.

Et un second s'avança vers le trône, prit le crâne
humain, y versa du sang, le but, et dit ensuite :

Ce n'est pas la religion seulement qu'il faut abolir,
mais encore la science et la pensée ; car la science veut
connoître ce qu'il n'est pas bon pour nous que l'homme
sache, et la pensée est toujours prête à regimber contre
la force.

Et tous répondirent : Il est vrai. Abolissons la
science et la pensée.

Et ayant fait ce qu'avoient fait les deux premiers,
un troisième dit :

Lorsque nous aurons replongé les hommes dans
l'abrutissement en leur ôtant et la religion, et la
science, et la pensée, nous aurons fait beaucoup,
mais il nous restera quelque chose encore à faire.

La brute a des instincts et des sympathies dangereuses. Il faut qu'aucun peuple n'entende la voix d'un
autre peuple, de peur que si celui-là se plaint et remue,
celui-ci ne soit tenté de l'imiter. Qu'aucun bruit du
dehors ne pénètre chez nous.

Et tous répondirent : Il est vrai. Qu'aucun bruit du
dehors ne pénètre chez nous.

Et un quatrième dit : Nous avons notre intérêt, et les peuples ont aussi leur intérêt opposé au nôtre. S'ils s'unissent pour défendre contre nous cet intérêt, comment leur résisterons-nous?

Divisons pour régner. Créons à chaque province, à chaque ville, à chaque hameau, un intérêt contraire à celui des autres hameaux, des autres villes, des autres provinces.

De cette manière tous se haïront, et ils ne songeront pas à s'unir contre nous.

Et tous répondirent : Il est vrai. Divisons pour régner : la concorde nous tueroit.

Et un cinquième ayant deux fois rempli de sang et vidé deux fois le crâne humain, dit :

J'approuve tous ces moyens, ils sont bons, mais insuffisans. Faites des brutes, c'est bien, mais effrayez ces brutes, frappez-les de terreur par une justice inexorable et par des supplices atroces, si vous ne voulez pas tôt ou tard en être dévorés. Le bourreau est le premier ministre d'un bon prince.

Et tous répondirent : Il est vrai. Le bourreau est le premier ministre d'un bon prince.

Et un sixième dit :

Je reconnois l'avantage des supplices prompts, terribles, inévitables. Cependant il y a des âmes fortes et des âmes désespérées qui bravent les supplices.

Voulez-vous gouverner aisément les hommes, amollissez-les par la volupté. La vertu ne nous vaut rien ; elle nourrit la force : épuisons-la plutôt par la corruption.

Et tous répondirent : Il est vrai. Épuisons la force et l'énergie et le courage par la corruption.

Alors le septième ayant comme les autres bu dans le crâne humain, parla de la sorte, les pieds sur le crucifix :

Plus de Christ ; il y a guerre à mort, guerre éternelle entre lui et nous.

Mais comment détacher de lui les peuples ? C'est une tentative vaine. Que faire donc ? Écoutez-moi : il faut gagner les prêtres du Christ avec des biens, des honneurs et de la puissance.

Et ils commanderont au peuple de la part du Christ de nous être soumis en tout, quoi que nous fassions, quoi que nous ordonnions ;

Et le peuple les croira, et il obéira par conscience, et notre pouvoir sera plus affermi qu'auparavant.

Et tous répondirent : Il est vrai. Gagnons les prêtres du Christ.

Et tout-à-coup la lampe qui éclairoit la salle s'éteignit, et les sept hommes se séparèrent dans les ténèbres.

Et il fut dit à un juste, qui dans ce moment veilloit et prioit devant la croix : Mon jour approche. Adore et ne crains rien.

———————

XIV.

Et à travers un brouillard gris et lourd , je vis,
comme on voit sur la terre à l'heure du crépuscule ,
une plaine nue , déserte et froide.

Au milieu s'élevoit un rocher d'où tomboit goutte à
goutte une eau noirâtre , et le bruit foible et sourd
des gouttes qui tomboient étoit le seul bruit qu'on en-
tendît.

Et sept sentiers, après avoir serpenté dans la plaine,
venoient aboutir au rocher ; et près du rocher, à l'entrée de chacun, étoit une pierre recouverte de je ne
sais quoi d'humide et de vert, semblable à la bave d'un
reptile.

Et voilà, sur l'un des sentiers j'aperçus comme
une ombre qui lentement se mouvoit ; et peu à peu
l'ombre s'approchant , je distinguai , non pas un
homme , mais la ressemblance d'un homme.

Et à l'endroit du cœur, cette forme humaine avoit une tache de sang.

Et elle s'assit sur la pierre humide et verte, et ses membres grelottoient, et, la tête penchée, elle se serroit avec ses bras, comme pour retenir un reste de chaleur.

Et par les six autres sentiers, six autres ombres successivement arrivèrent au pied du rocher.

Et chacune d'elles, grelottant et se serrant avec ses bras, s'assit sur la pierre humide et verte.

Et elles étoient là silencieuses, et courbées sous le poids d'une incompréhensible angoisse.

Et leur silence dura long-temps, je ne sais combien de temps, car jamais le soleil ne se lève sur cette plaine : on n'y connoît ni soir ni matin. Les gouttes d'eau noirâtre y mesurent seules, en tombant, une durée monotone, obscure, pesante, éternelle.

Et cela étoit si horrible à voir, que, si Dieu ne m'avoit fortifié, je n'aurois pu en soutenir la vue.

Et, après une sorte de frissonnement convulsif, une des ombres, soulevant sa tête, fit entendre un son comme le son rauque et sec du vent qui bruit dans un squelette.

Et le rocher renvoya cette parole à mon oreille :

Le Christ a vaincu : maudit soit-il !

Et les six autres ombres tressaillirent ; et toutes ensemble soulevant la tête, le même blasphème sortit de leur sein :

Le Christ a vaincu : maudit soit-il !

Et aussitôt elles furent saisies d'un tremblement plus

fort, le brouillard s'épaissit, et, pendant un moment, l'eau noirâtre cessa de couler.

Et les sept ombres avoient plié de nouveau sous le poids de leur angoisse secrète, et il y eut un second silence plus long que le premier.

Ensuite une d'elles, sans se lever de sa pierre, immobile et penchée dit aux autres :

Il vous est donc advenu ainsi qu'à moi. Que nous ont servi tous nos conseils?

Et une autre reprit : La foi et la pensée ont brisé les chaînes des peuples ; la foi et la pensée ont affranchi la terre.

Et une autre dit : Nous voulions diviser les hommes, et notre oppression les a unis contre nous.

Et une autre : Nous avons versé le sang, et ce sang est retombé sur nos têtes.

Et une autre : Nous avons semé la corruption, et elle a germé en nous, et elle a dévoré nos os.

Et une autre : Nous avons cru étouffer la Liberté, et son souffle a desséché notre pouvoir jusqu'en sa racine.

Alors la septième ombre :

Le Christ a vaincu : maudit soit-il!

Et tous d'une seule voix répondirent :

Le Christ a vaincu : maudit soit-il!

Et je vis une main qui s'avançoit ; elle trempa le doigt dans l'eau noirâtre dont les gouttes mesurent en tombant la durée éternelle, en marqua au front les sept ombres, et ce fut pour jamais.

XV.

.

Vous n'avez qu'un jour à passer sur la terre ; faites
en sorte de le passer en paix.

La paix est le fruit de l'amour ; car pour vivre en
paix il faut savoir supporter bien des choses.

Nul n'est parfait, tous ont leurs défauts ; chaque
homme pèse sur les autres, et l'amour seul rend ce
poids léger.

Si vous ne pouvez supporter vos frères, comment
vos frères vous supporteront-ils ?

Il est écrit du fils de Marie : Comme il avoit aimé
les siens qui étoient dans le monde, il les aima jusqu'à la fin.

Aimez donc vos frères qui sont dans le monde, et
aimez-les jusqu'à la fin.

L'amour est infatigable, il ne se lasse jamais.

L'amour est inépuisable, il vit et renaît de lui-même ; et plus il s'épanche, plus il surabonde.

Qui s'aime plus que son frère n'est pas digne du Christ, mort pour ses frères. Avez-vous donné vos biens, donnez encore votre vie, et l'amour vous rendra tout.

Je vous le dis en vérité, celui qui aime, son cœur est un paradis sur la terre. Il a Dieu en soi, car Dieu est amour.

L'homme vicieux n'aime point, il convoite : il a faim et soif de tout ; son œil, tel que l'œil du serpent, fascine et attire, mais pour dévorer.

L'amour repose au fond des âmes pures, comme une goutte de rosée dans le calice d'une fleur.

Oh ! si vous saviez ce que c'est qu'aimer !

Vous dites que vous aimez, et beaucoup de vos frères manquent de pain pour soutenir leur vie, de vêtemens pour couvrir leurs membres nus, d'un toit pour s'abriter, d'une poignée de paille pour dormir dessus, tandis que vous avez toutes choses en abondance.

Vous dites que vous aimez, et il y a, en grand nombre, des malades qui languissent, privés de secours, sur leur pauvre couche ; des malheureux qui pleurent sans que personne pleure avec eux ; des petits enfans qui s'en vont, tout transis de froid, de porte en porte demander aux riches une miette de leur table, et qui ne l'obtiennent pas.

Vous dites que vous aimez vos frères : et que feriez-vous donc si vous les haïssiez ?

Et moi je vous le dis, quiconque, le pouvant, ne soulage pas son frère qui souffre, est l'ennemi de son frère; et quiconque, le pouvant, ne nourrit pas son frère qui a faim, est son meurtrier.

XVI

Il se rencontre des hommes qui n'aiment point
Dieu, et qui ne le craignent point : fuyez-les, car il
sort d'eux une vapeur de malédiction.

Fuyez l'impie, car son haleine tue; mais ne le
haïssez pas, car qui sait si déjà Dieu n'a pas changé
son cœur?

L'homme qui, même de bonne foi, dit : Je ne
crois point, se trompe souvent. Il y a bien avant dans
l'âme, jusqu'au fond, une racine de foi qui ne sèche
point.

La parole qui nie Dieu brûle les lèvres sur lesquelles
elle passe, et la bouche qui s'ouvre pour blasphémer
est un soupirail de l'enfer.

L'impie est seul dans l'univers. Toutes les créatures
louent Dieu, tout ce qui sent le bénit, tout ce qui

pense l'adore ; l'astre du jour et ceux de la nuit le chantent dans leur langue mystérieuse.

Il a écrit au firmament son nom trois fois saint.

Gloire à Dieu dans les hauteurs des cieux !

Il l'a écrit aussi dans le cœur de l'homme, et l'homme bon l'y conserve avec amour ; mais d'autres tâchent de l'effacer.

Paix sur la terre aux hommes dont la volonté est bonne !

Leur sommeil est doux ; et leur mort est encore plus douce, car ils savent qu'ils retournent vers leur père.

Comme le pauvre laboureur, au déclin du jour, quitte les champs, regagne sa chaumière, et, assis devant la porte, oublie ses fatigues en regardant le ciel ; ainsi, quand le soir se fait, l'homme d'espérance regagne avec joie la maison paternelle, et, assis sur le seuil, oublie les travaux de l'exil dans les visions de l'éternité.

XVII.

Deux hommes étoient voisins, et chacun d'eux avoit une femme et plusieurs petits enfans, et son seul travail pour les faire vivre.

Et l'un de ces deux hommes s'inquiétoit en lui-même, disant : Si je meurs, ou que je tombe malade, que deviendront ma femme et mes enfans?

Et cette pensée ne le quittoit point, et elle rongeoit son cœur comme un ver ronge le fruit où il est caché.

Or bien que la même pensée fût venue également à l'autre père, il ne s'y étoit point arrêté; car, disoit-il, Dieu, qui connoît toutes ses créatures et qui veille sur elles, veillera aussi sur moi, et sur ma femme, et sur mes enfans.

Et celui-ci vivoit tranquille, tandis que le premier

ne goûtoit pas un instant de repos ni de joie intérieurement.

Un jour qu'il travailloit aux champs, triste et abattu à cause de sa crainte, il vit quelques oiseaux entrer dans un buisson, en sortir, et puis bientôt y revenir encore.

Et, s'étant approché, il vit deux nids posés côte à côte, et dans chacun plusieurs petits nouvellement éclos et encore sans plumes.

Et quand il fut retourné à son travail, de temps en temps il levoit les yeux, et regardoit ces oiseaux, qui alloient et venoient portant la nourriture à leurs petits.

Or voilà qu'au moment où l'une des mères rentroit avec sa becquée, un vautour la saisit, l'enlève, et la pauvre mère se débattant vainement sous sa serre jetoit des cris perçans.

A cette vue, l'homme qui travailloit sentit son âme plus troublée qu'auparavant : car, pensoit-il, la mort de la mère, c'est la mort des enfans. Les miens n'ont que moi non plus. Que deviendront-ils si je leur manque?

Et tout le jour il fut sombre et triste, et la nuit il ne dormit point.

Le lendemain, de retour aux champs, il se dit : Je veux voir les petits de cette pauvre mère : plusieurs sans doute ont déjà péri. Et il s'achemina vers le buisson.

Et regardant, il vit les petits bien portans ; pas un ne sembloit avoir pâti.

Et ceci l'ayant étonné, il se cacha pour observer ce qui se passeroit.

Et après un peu de temps, il entendit un léger cri, et il aperçut la seconde mère rapportant en hâte la nourriture qu'elle avoit recueillie, et elle la distribua à tous les petits indistinctement, et il y en eut pour tous, et les orphelins ne furent point délaissés dans leur misère.

Et le père qui s'étoit défié de la Providence, raconta le soir à l'autre père ce qu'il avoit vu.

Et celui-ci dit : Pourquoi s'inquiéter? jamais Dieu n'abandonne les siens. Son amour a des secrets que nous ne connoissons point. Croyons, espérons, aimons, et poursuivons notre route en paix.

Si je meurs avant vous, vous serez le père de mes enfans; si vous mourez avant moi, je serai le père des vôtres.

Et si, l'un et l'autre, nous mourons avant qu'ils soient en âge de pourvoir eux-mêmes à leurs nécessités, ils auront pour père le Père qui est dans les cieux.

XVIII.

Quand vous avez prié, ne sentez-vous pas votre cœur plus léger, et votre âme plus contente?

La prière rend l'affliction moins douloureuse, et la joie plus pure : elle mêle à l'une je ne sais quoi de fortifiant et de doux, et à l'autre un parfum céleste.

Que faites-vous sur la terre, et n'avez-vous rien à demander à celui qui vous y a mis?

Vous êtes un voyageur qui cherche la patrie. Ne marchez point la tête baissée : il faut lever les yeux pour reconnoître sa route.

Votre patrie, c'est le ciel; et quand vous regardez le ciel, est-ce qu'en vous il ne se remue rien? est-ce que nul désir ne vous presse? ou ce désir est-il muet?

5.

Il en est qui disent : A quoi bon prier? Dieu est trop au-dessus de nous pour écouter de si chétives créatures.

Et qui donc a fait ces créatures chétives; qui leur a donné le sentiment, et la pensée, et la parole, si ce n'est Dieu?

Et s'il a été si bon envers elles, étoit-ce pour les délaisser ensuite et les repousser loin de lui?

En vérité, je vous le dis, quiconque dit dans son cœur que Dieu méprise ses œuvres, blasphème Dieu.

Il en est d'autres qui disent : A quoi bon prier? Dieu ne sait-il pas mieux que nous ce dont nous avons besoin?

Dieu sait mieux que vous ce dont vous avez besoin, et c'est pour cela qu'il veut que vous le lui demandiez : car Dieu est lui-même votre premier besoin; et prier Dieu, c'est commencer à posséder Dieu.

Le père connoît les besoins de son fils; faut-il à cause de cela que le fils n'ait jamais une parole de demande et d'action de grâces pour son père?

Quand les animaux souffrent, quand ils craignent, ou quand ils ont faim, ils poussent des cris plaintifs. Ces cris sont la prière qu'ils adressent à Dieu, et Dieu l'écoute. L'homme seroit-il donc dans la création le seul être dont la voix ne dût jamais monter à l'oreille du Créateur?

Il passe quelquefois sur les campagnes un vent qui dessèche les plantes, et alors on voit leurs tiges flétries pencher vers la terre; mais, humectées par la rosée, elles reprennent leur fraîcheur, et relèvent leur tête languissante.

Il y a toujours des vents brûlans qui passent sur l'âme de l'homme, et la dessèchent. La prière est la rosée qui la rafraîchit.

XIX.

Vous n'avez qu'un père, qui est Dieu, et qu'un maître, qui est le Christ.

Quand donc on vous dira de ceux qui possèdent sur la terre une grande puissance : Voilà vos maîtres, ne le croyez point. S'ils sont justes, ce sont vos serviteurs ; s'ils ne le sont pas, ce sont vos tyrans.

Tous naissent égaux : nul, en venant au monde, n'apporte avec lui le droit de commander.

J'ai vu dans un berceau un enfant criant et bavant, et autour de lui étoient des vieillards qui lui disoient, *Seigneur,* et qui, s'agenouillant, l'adoroient. Et j'ai compris toute la misère de l'homme.

C'est le péché qui a fait les princes ; parce qu'au lieu de s'aimer et de s'aider comme des frères, les hommes ont commencé à se nuire les uns aux autres.

Alors parmi eux ils en choisirent un ou plusieurs, qu'ils croyoient les plus justes, afin de protéger les bons contre les méchans, et que le foible pût vivre en paix.

Et le pouvoir qu'ils exerçoient étoit un pouvoir légitime, car c'étoit le pouvoir de Dieu qui veut que la justice règne, et le pouvoir du peuple qui les avoit élus.

Et c'est pourquoi chacun étoit tenu en conscience de leur obéir.

Mais il s'en trouva aussi bientôt qui voulurent régner par eux-mêmes, comme s'ils eussent été d'une nature plus élevée que celle de leurs frères.

Et le pouvoir de ceux-ci n'est pas légitime, car c'est le pouvoir de Satan, et leur domination est celle de l'orgueil et de la convoitise.

Et c'est pourquoi, lorsqu'on n'a pas à craindre qu'il en résulte plus de mal, chacun peut et quelquefois doit en conscience leur résister.

Dans la balance du droit éternel, votre volonté pèse plus que la volonté des rois : car ce sont les peuples qui font les rois, et les rois sont faits pour les peuples, et les peuples ne sont pas faits pour les rois.

Le père céleste n'a point formé les membres de ses enfans pour qu'ils fussent brisés par des fers, ni leur âme pour qu'elle fût meurtrie par la servitude.

Il les a unis en familles, et toutes les familles sont sœurs; il les a unis en nations, et toutes les nations

sont sœurs : et quiconque sépare les familles des familles, les nations des nations, divise ce que Dieu a
uni ; il fait l'œuvre de Satan.

Et ce qui unit les familles aux familles, les nations
aux nations, c'est premièrement la loi de Dieu, la loi
de justice et de charité, et ensuite la loi de liberté,
qui est aussi la loi de Dieu.

Car sans la liberté quelle union existeroit-il entre
les hommes ? Ils seroient unis comme le cheval est uni
à celui qui le monte, comme le fouet du maître à la
peau de l'esclave.

Si donc quelqu'un vient et dit : Vous êtes à moi ;
répondez : Non ; nous sommes à Dieu, qui est notre
père, et au Christ, qui est notre seul maître.

XX.

Ne vous laissez pas tromper par de vaines paroles. Plusieurs chercheront à vous persuader que vous êtes vraiment libres, parce qu'ils auront écrit sur une feuille de papier le mot de *liberté*, et l'auront affiché à tous les carrefours.

La liberté n'est pas un placard qu'on lit au coin de la rue. Elle est une puissance vivante qu'on sent en soi, et autour de soi; le génie protecteur du foyer domestique, la garantie des droits sociaux, et le premier de ces droits.

L'oppresseur qui se couvre de son nom est le pire des oppresseurs. Il joint le mensonge à la tyrannie, et à l'injustice la profanation; car le nom de la Liberté est saint.

Gardez-vous donc de ceux qui disent : Liberté, liberté, et qui la détruisent par leurs œuvres.

Est-ce vous qui choisissez ceux qui vous gouvernent, qui vous commandent de faire ceci et de ne pas faire cela, qui imposent vos biens, votre industrie, votre travail? Et si ce n'est pas vous, comment êtes-vous libres?

Pouvez-vous disposer de vos enfans comme vous l'entendez, confier à qui vous plaît le soin de les instruire et de former leurs mœurs? Et si vous ne le pouvez pas, comment êtes-vous libres?

Les oiseaux du ciel et les insectes mêmes s'assemblent pour faire en commun ce qu'aucun d'eux ne pourroit faire seul. Pouvez-vous vous assembler pour traiter ensemble de vos intérêts, pour défendre vos droits, pour obtenir quelque soulagement à vos maux? Et si vous ne le pouvez pas, comment êtes-vous libres?

Pouvez-vous aller d'un lieu à un autre si on ne vous le permet, user des fruits de la terre et des productions de votre travail, tremper votre doigt dans l'eau de la mer et en laisser tomber une goutte dans le pauvre vase de terre où cuisent vos alimens, sans vous exposer à payer l'amende et à être traînés en prison? Et si vous ne le pouvez pas, comment êtes-vous libres?

Pouvez-vous, en vous couchant le soir, vous répondre qu'on ne viendra point, durant votre sommeil, fouiller les lieux les plus secrets de votre maison, vous arracher du sein de votre famille et vous jeter au fond d'un cachot, parce que le pouvoir, dans sa peur, se sera défié de vous? Et si vous ne le pouvez pas, comment êtes-vous libres?

La liberté luira sur vous, quand, à force de courage et de persévérance, vous vous serez affranchis de toutes ces servitudes.

La liberté luira sur vous, quand vous aurez dit au fond de votre âme : Nous voulons être libres; quand, pour le devenir, vous serez prêts à sacrifier tout et à tout souffrir.

La liberté luira sur vous lorsqu'au pied de la croix sur laquelle le Christ mourut pour vous, vous aurez juré de mourir les uns pour les autres.

XXI.

Le peuple est incapable d'entendre ses intérêts ; on
doit, pour son bien, le tenir toujours en tutelle. N'est-
ce pas à ceux qui ont des lumières de conduire ceux
qui manquent de lumières?

Ainsi parlent une foule d'hypocrites qui veulent
faire les affaires du peuple, afin de s'engraisser de la
substance du peuple.

Vous êtes incapables, disent-ils, d'entendre vos intérêts : et sur cela, ils ne vous permettront pas
même de disposer de ce qui est à vous pour un objet
que vous jugerez utile ; et ils en disposeront, contre
votre gré, pour un autre objet qui vous déplaît et
vous répugne.

Vous êtes incapables d'administrer une petite propriété commune, incapables de savoir ce qui vous est

bon ou mauvais, de connoître vos besoins, et d'y pourvoir : et sur cela, on vous enverra des hommes bien payés, à vos dépens, qui géreront vos biens à leur fantaisie, vous empêcheront de faire ce que vous voudrez, et vous forceront de faire ce que vous ne voudrez pas.

Vous êtes incapables de discerner quelle éducation il est convenable de donner à vos enfans : et par tendresse pour vos enfans, on les jettera dans des cloaques d'impiété et de mauvaises mœurs ; à moins que vous n'aimiez mieux qu'ils demeurent privés de toute espèce d'instruction.

Vous êtes incapables de juger si vous pouvez, vous et votre famille, subsister avec le salaire qu'on vous accorde pour votre travail : et l'on vous défendra, sous des peines sévères, de vous concerter ensemble pour obtenir une augmentation de ce salaire, afin que vous puissiez vivre, vous, vos femmes et vos enfans.

Si ce que dit cette race hypocrite et avide étoit vrai, vous seriez bien au-dessous de la brute ; car la brute sait tout ce qu'on affirme que vous ne savez pas, et elle n'a besoin que de l'instinct pour le savoir.

Dieu ne vous a pas faits pour être le troupeau de quelques autres hommes. Il vous a faits pour vivre librement en société comme des frères. Or un frère n'a rien à commander à son frère. Les frères se lient entre eux par des conventions mutuelles, et ces conventions c'est la loi, et la loi doit être respectée, et tous doivent s'unir pour empêcher qu'on ne la viole, parce qu'elle est la sauvegarde de tous, la volonté et l'intérêt de tous.

Soyez hommes : nul n'est assez puissant pour vous atteler au joug malgré vous ; mais vous pouvez passer la tête dans le collier, si vous le voulez.

Il y a des animaux stupides qu'on enferme dans des étables, qu'on nourrit pour le travail, et puis, lorsqu'ils vieillissent, qu'on engraisse pour manger leur chair.

Il y en a d'autres qui vivent dans les champs en liberté, qu'on ne peut plier à la servitude, qui ne se laissent point séduire par des caresses trompeuses, ni vaincre par des menaces et de mauvais traitemens.

Les hommes courageux ressemblent à ceux-ci : les lâches sont comme les premiers.

XXII.

Comprenez bien comment on se rend libre.

Pour être libre, il faut avant tout aimer Dieu : car si vous aimez Dieu, vous ferez sa volonté ; et la volonté de Dieu est la justice et la charité, sans lesquelles point de liberté.

Lorsque, par violence ou par ruse, on prend ce qui est à autrui ; lorsqu'on l'attaque dans sa personne ; lorsqu'en chose licite on l'empêche d'agir comme il veut, ou qu'on le force d'agir comme il ne veut pas ; lorsqu'on viole son droit d'une manière quelconque, qu'est-ce que cela ? Une injustice. C'est donc l'injustice qui détruit la liberté.

Si chacun n'aimoit que soi et ne songeoit qu'à soi, sans venir au secours des autres, le pauvre seroit obligé souvent de dérober ce qui est à autrui, pour vivre et faire vivre les siens ; le foible seroit opprimé

6.

par un plus fort, et celui-ci par un autre encore plus fort ; l'injustice régneroit partout. C'est donc la charité qui conserve la liberté.

Aimez Dieu plus que toutes choses, et le prochain comme vous-même, et la servitude disparoîtra de la terre.

Cependant ceux qui profitent de la servitude de leurs frères mettront tout en œuvre pour la prolonger. Ils emploieront pour cela le mensonge et la force.

Ils diront que la domination arbitraire de quelques uns et l'esclavage de tous les autres est l'ordre établi de Dieu ; et pour conserver leur tyrannie, ils ne craindront point de blasphémer la Providence.

Répondez-leur que leur Dieu à eux est Satan, l'ennemi de la race humaine, et que le vôtre est celui qui a vaincu Satan.

Après cela, ils déchaîneront contre vous leurs satellites ; ils feront bâtir des prisons sans nombre pour vous y enfermer, ils vous poursuivront avec le fer et le feu, ils vous tourmenteront et répandront votre sang comme l'eau des fontaines.

Si donc vous n'êtes pas résolus à combattre sans relâche, à tout supporter sans fléchir, à ne jamais vous lasser, à ne céder jamais, gardez vos fers et renoncez à une liberté dont vous n'êtes pas dignes.

La liberté est comme le royaume de Dieu ; elle souffre violence, et les violens la ravissent.

Et la violence qui vous mettra en possession de la liberté, n'est pas la violence féroce des voleurs et des brigands, l'injustice, la vengeance, la cruauté ; mais une volonté forte, inflexible, un courage calme et généreux.

La cause la plus sainte se change en une cause impie, exécrable, quand on emploie le crime pour la soutenir. D'esclave l'homme de crime peut devenir tyran, mais jamais il ne devient libre.

XXIII.

Seigneur, nous crions vers vous du fond de notre misère.

Comme les animaux qui manquent de pâture pour donner à leurs petits,

Nous crions vers vous, Seigneur.

Comme la brebis à qui on enlève son agneau,

Nous crions vers vous, Seigneur.

Comme la colombe que saisit le vautour,

Nous crions vers vous, Seigneur.

Comme la gazelle sous la griffe du tigre,

Nous crions vers vous, Seigneur.

Comme le taureau épuisé de fatigue et ensanglanté par l'aiguillon,

Nous crions vers vous, Seigneur.

Comme l'oiseau blessé que le chien poursuit,

Nous crions vers vous, Seigneur.

Comme l'hirondelle tombée de lassitude en traversant les mers, et se débattant sur la vague,

Nous crions vers vous, Seigneur.

Comme des voyageurs égarés dans un désert brûlant et sans eau,

Nous crions vers vous, Seigneur.

Comme des naufragés sur une côte stérile,

Nous crions vers vous, Seigneur.

Comme celui qui, à l'heure où la nuit se fait, rencontre près d'un cimetière un spectre hideux,

Nous crions vers vous, Seigneur.

Comme le père à qui on ravit le morceau de pain qu'il portoit à ses enfans affamés,

Nous crions vers vous, Seigneur.

Comme le prisonnier que le puissant injuste a jeté dans un cachot humide et ténébreux,

Nous crions vers vous, Seigneur.

Comme l'esclave déchiré par le fouet du maître,

Nous crions vers vous, Seigneur.

Comme l'innocent qu'on mène au supplice,

Nous crions vers vous, Seigneur.

Comme le peuple d'Israël dans la terre de servitude,

Nous crions vers vous, Seigneur.

Comme les descendans de Jacob dont le roi d'Égypte faisoit noyer dans le Nil les fils premiers-nés,

Nous crions vers vous, Seigneur.

Comme les douze tribus dont les oppresseurs augmentoient tous les jours les travaux, en retranchant chaque jour quelque chose de leur nourriture,

Nous crions vers vous, Seigneur.

Comme toutes les nations de la terre avant qu'eût lui l'aurore de la délivrance,

Nous crions vers vous, Seigneur.

Comme le Christ sur la croix, lorsqu'il dit : Mon Père, mon Père, pourquoi m'avez-vous délaissé?

Nous crions vers vous, Seigneur.

O Père ! vous n'avez point délaissé votre Fils, votre Christ, si ce n'est en apparence et pour un moment; vous ne délaisserez point non plus à jamais les frères du Christ. Son divin sang, qui les a rachetés de l'esclavage du prince de ce monde, les rachètera aussi de l'esclavage des ministres du prince de ce monde. Voyez leurs pieds et leurs mains percés, leur côté ouvert, leur tête couverte de plaies sanglantes. Sous la terre que vous leur aviez donnée pour héritage, on leur a creusé un vaste sépulcre, et on les y a jetés pêle-mêle, et on en a scellé la pierre d'un sceau sur lequel on a, par moquerie, gravé votre saint nom. Et ainsi, Seigneur, ils sont là gisans; mais ils n'y seront pas éternellement. Encore trois jours, et le sceau sacrilége sera brisé, et la pierre sera brisée, et ceux qui dorment se réveilleront; et le règne du Christ, qui est justice et charité, et paix et joie dans l'Esprit saint, commencera. Ainsi soit-il !

XXIV.

Tout ce qui arrive dans le monde a son signe qui
le précède.

Lorsque le soleil est près de se lever, l'horizon se
colore de mille nuances, et l'orient paroît tout en feu.

Lorsque la tempête vient, on entend sur le rivage
un sourd bruissement, et les flots s'agitent comme
d'eux-mêmes.

Les innombrables pensées diverses qui se croisent
et se mêlent à l'horizon du monde spirituel, sont le
signe qui annonce le lever du soleil des intelligences.

Le murmure confus et le mouvement intérieur des
peuples en émoi sont le signe précurseur de la tempête qui passera bientôt sur les nations tremblantes.

Tenez-vous prêts, car les temps approchent.

En ce jour-là il y aura de grandes terreurs, et des

cris tels qu'on n'en a point entendu depuis les jours du déluge.

Les rois hurleront sur leurs trônes; ils chercheront à retenir avec les deux mains leurs couronnes emportées par les vents, et ils seront balayés avec elles.

Les riches et les puissans sortiront nus de leurs palais, de peur d'être ensevelis sous les ruines.

On les verra, errans sur les chemins, demander aux passans quelques haillons pour couvrir leur nudité, un peu de pain noir pour apaiser leur faim, et je ne sais s'ils l'obtiendront.

Et il y aura des hommes qui seront saisis de la soif du sang, et qui adoreront la mort, et qui voudront la faire adorer.

Et la mort étendra sa main de squelette comme pour les bénir, et cette bénédiction descendra sur leur cœur, et il cessera de battre.

Et les savans se troubleront dans leur science, et elle leur apparoîtra comme un petit point noir, quand se levera le soleil des intelligences.

Et à mesure qu'il montera, sa chaleur fondra les nuages amoncelés par la tempête; et ils ne seront plus qu'une légère vapeur, qu'un vent doux chassera vers le couchant.

Jamais le ciel n'aura été aussi serein, ni la terre aussi verte et aussi féconde.

Et au lieu du foible crépuscule que nous appelons jour, une lumière vive et pure rayonnera d'en-haut comme un reflet de la face de Dieu.

Et les hommes se regarderont à cette lumière, et

ils diront : Nous ne connoissions ni nous ni les autres ;
nous ne savions pas ce que c'est que l'homme. A présent, nous le savons.

Et chacun s'aimera dans son frère, et se tiendra
heureux de le servir ; et il n'y aura ni petits ni grands,
à cause de l'amour qui égale tout, et toutes les familles ne seront qu'une famille, et toutes les nations
qu'une nation.

Ceci est le sens des lettres mystérieuses que les Juifs
aveugles attachèrent à la croix du Christ.

XXV.

C'étoit une nuit d'hiver. Le vent souffloit au dehors, et la neige blanchissoit les toits.

Sous un de ces toits, dans une chambre étroite,
étoient assises, travaillant de leurs mains, une femme
à cheveux blancs et une jeune fille.

Et de temps en temps la vieille femme réchauffoit
à un petit brasier ses mains pâles. Une lampe d'argile
éclairoit cette pauvre demeure ; et un rayon de la
lampe venoit expirer sur une image de la Vierge, sus-
pendue au mur.

Et la jeune fille levant les yeux regarda en silence,
pendant quelques momens, la femme à cheveux
blancs ; puis elle lui dit : Ma mère, vous n'avez pas
été toujours dans ce dénuement...

Et il y avoit dans sa voix une douceur et une tendresse inexprimables.

Et la femme à cheveux blancs répondit : Ma fille,
Dieu est le maître : ce qu'il fait est bien fait.

Ayant dit ces mots, elle se tut un peu de temps;
ensuite elle reprit :

Quand je perdis votre père, ce fut une douleur que
je crus sans consolation : cependant, vous me restiez;
mais je ne sentois qu'une chose alors.

Depuis, j'ai pensé que s'il vivoit, et qu'il nous vît en
cette détresse, son âme se briseroit; et j'ai reconnu
que Dieu avoit été bon envers lui.

La jeune fille ne répondit rien, mais elle baissa la
tête ; et quelques larmes, qu'elle s'efforçoit de ca-
cher, tombèrent sur la toile qu'elle tenoit entre ses
mains.

La mère ajouta : Dieu, qui a été bon envers lui,
a été bon aussi envers nous. De quoi avons-nous
manqué, tandis que tant d'autres manquent de tout?

Il est vrai qu'il a fallu nous habituer à peu, et, ce
peu, le gagner par notre travail; mais ce peu ne
suffit-il pas? et tous n'ont-ils pas été dès le commencement condamnés à vivre de leur travail?

Dieu, dans sa bonté, nous a donné le pain de chaque
jour ; et combien ne l'ont pas! un abri, et combien
ne savent où se retirer !

Il vous a, ma fille, donnée à moi : de quoi me
plaindrois-je?

A ces dernières paroles, la jeune fille tout émue
tomba aux genoux de sa mère, prit ses mains, les
baisa et se pencha sur son sein en pleurant.

Et la mère, faisant un effort pour élever la voix :

Ma fille, dit-elle, le bonheur n'est pas de posséder beaucoup, mais d'espérer et d'aimer beaucoup.

Notre espérance n'est pas ici-bas, ni notre amour non plus; ou s'il y est, ce n'est qu'en passant.

Après Dieu, vous m'êtes tout en ce monde ; mais ce monde s'évanouit comme un songe, et c'est pourquoi mon amour s'élève avec vous vers un autre monde.

Lorsque je vous portois dans mon sein, un jour je priai avec plus d'ardeur la Vierge-Marie ; et elle m'apparut pendant mon sommeil, et il me sembloit qu'avec un sourire céleste elle me présentoit un petit enfant.

Et je pris l'enfant qu'elle me présentoit ; et lorsque je le tins dans mes bras , la vierge-mère posa sur sa tête une couronne de roses blanches :

Peu de mois après vous naquîtes, et la douce vision étoit toujours devant mes yeux.

Ce disant , la femme aux cheveux blancs tressaillit et serra sur son cœur la jeune fille.

A quelque temps de là une âme sainte vit deux formes lumineuses monter vers le ciel, et une troupe d'anges les accompagnoit, et l'air retentissoit de leurs chants d'allégresse.

XXVI.

Ce que vos yeux voient, ce que touchent vos mains, ce ne sont que des ombres, et le son qui frappe votre oreille n'est qu'un grossier écho de la voix intime et mystérieuse qui adore, et prie, et gémit au sein de la création.

Car toute créature gémit, toute créature est dans le travail de l'enfantement, et s'efforce de naître à la vie véritable, de passer des ténèbres à la lumière, de la région des apparences à celle des réalités.

Ce soleil si brillant, si beau, n'est que le vêtement, l'emblème obscur du vrai soleil qui éclaire et échauffe les âmes.

Cette terre si riche, si verdoyante, n'est que le pâle suaire de la nature : car la nature, déchue aussi, est descendue comme l'homme dans le tombeau ; mais comme lui elle en sortira.

7.

Sous cette enveloppe épaisse du corps, vous ressemblez à un voyageur qui, la nuit dans sa tente, voit ou croit voir des fantômes passer.

Le monde réel est voilé pour vous. Celui qui se retire au fond de lui-même, l'y entrevoit comme dans le lointain. De secrètes puissances qui sommeillent en lui, se réveillent un moment, soulèvent un coin du voile que le temps retient de sa main ridée, et l'œil intérieur est ravi des merveilles qu'il contemple.

Vous êtes assis au bord de l'océan des êtres, mais vous ne pénétrez point dans ses profondeurs. Vous marchez le soir le long de la mer, et vous ne voyez qu'un peu d'écume que le flot jette sur le rivage.

A quoi vous comparerai-je encore?

Vous êtes comme l'enfant dans le sein de sa mère, attendant l'heure de sa naissance ; comme l'insecte ailé dans le ver qui rampe, aspirant à sortir de cette prison terrestre pour prendre votre essor vers les cieux.

XXVII.

Qui est-ce qui se pressoit autour du Christ pour entendre sa parole? Le peuple.

Qui est-ce qui le suivoit dens la montagne et les lieux déserts pour écouter ses enseiguemens? Le peuple.

Qui vouloit le choisir pour roi? Le peuple.

Qui étendoit ses vêtemens et jetoit devant lui des palmes en criant Hosannah, lors de son entrée à Jérusalem? Le peuple.

Qui est-ce qui se scandalisoit à cause des malades qu'il guérissoit le jour du sabbat? Les scribes et les pharisiens.

Qui l'interrgeoit insidieusement et lui tendoit des piéges pour le perdre? Les scribes et les pharisiens.

Qui disoit de lui : Il est possédé? qui l'appeloit

un homme de bonne chère et aimant le plaisir? Les
scribes et les pharisiens.

Qui le traitoit de séditieux et de blasphémateur?
qui se ligua pour le faire mourir? qui le crucifia sur le
Calvaire entre deux voleurs?

Les scribes et les pharisiens, les docteurs de la loi, le
roi Hérode et ses courtisans, le gouverneur romain
et les princes des prêtres.

Leur astuce hypocrite trompa le peuple même. Ils
le poussèrent à demander la mort de celui qui l'avoit
nourri dans le désert avec sept pains, qui rendoit aux
infirmes la santé, la vue aux aveugles, l'ouïe aux
sourds, et aux perclus l'usage de leurs membres.

Mais Jésus, voyant qu'on avoit séduit ce peuple
comme le serpent séduisit la femme, pria son Père,
disant : Mon Père, pardonnez-leur; car ils ne savent
pas ce qu'ils font.

Et cependant, depuis dix-huit siècles, le Père ne
leur a pas encore pardonné, et ils traînent leur supplice par toute la terre, et par toute la terre l'esclave
est contraint de se baisser pour les voir.

La miséricorde du Christ est sans exclusion. Il est
venu dans ce monde pour sauver, non pas quelques
hommes, mais tous les hommes; il a eu pour chacun
d'eux une goutte de sang.

Mais les petits, es foibles, les humbles, les pauvres,
tous ceux qui souffroient, il les aimoit d'un amour de
prédilection.

Son cœur battoit sur le cœur du peuple, et le cœur
du peuple battoit sur son cœur.

Et c'est là, sur le cœur du Christ, que les peuples malades se raniment, et que les peuples opprimés reçoivent la force de s'affranchir.

Malheur à ceux qui s'éloignent de lui, qui le renient! leur misère est irrémédiable, et leur servitude éternelle.

XXVIII.

On a vu des temps où l'homme, en égorgeant
l'homme dont les croyances différoient des siennes,
se persuadoit offrir un sacrifice agréable à Dieu.

Ayez en abomination ces meurtres exécrables.

Comment le meurtre de l'homme pourroit-il plaire
à Dieu, qui a dit à l'homme : Tu ne tueras point?

Lorsque le sang de l'homme coule sur la terre
comme une offrande à Dieu, les démons accourent
pour le boire, et entrent dans celui qui l'a versé.

On ne commence à persécuter que quand on désespère de convaincre ; et qui désespère de convaincre,
ou blasphème en lui-même la puissance de la vérité,
ou manque de confiance dans la vérité des doctrines
qu'il annonce.

Quoi de plus insensé que de dire aux hommes :
Croyez ou mourez !

La foi est fille du Verbe : elle pénètre dans les cœurs avec la parole, et non avec le poignard.

Jésus passa en faisant le bien, attirant à lui par sa bonté, et touchant par sa douceur les âmes les plus dures.

Ses lèvres divines bénissoient et ne maudissoient point, si ce n'est les hypocrites. Il ne choisit pas des bourreaux pour apôtres.

Il disoit aux siens : Laissez croître ensemble, jusqu'à la moisson, le bon et le mauvais grain ; le père de famille en fera la séparation sur l'aire.

Et à ceux qui le pressoient de faire descendre le feu du ciel sur une ville incrédule : Vous ne savez pas de quel esprit vous êtes.

L'esprit de Jésus est un esprit de paix, de miséricorde et d'amour.

Ceux qui persécutent en son nom, qui scrutent les consciences avec l'épée, qui torturent le corps pour convertir l'âme, qui font couler les pleurs au lieu de les essuyer ; ceux-là n'ont pas l'esprit de Jésus.

Malheur à qui profane l'Évangile, en le rendant pour les hommes un objet de terreur ! malheur à qui écrit la bonne nouvelle sur une feuille sanglante !

Ressouvenez-vous des catacombes.

En ce temps-là, on vous traînoit à l'échafaud, on vous livroit aux bêtes féroces dans l'amphithéâtre pour amuser la populace, on vous jetoit à milliers au fond des mines et dans les prisons, on confisquoit vos biens, ou vous fouloit aux pieds comme la boue des places publiques ; vous n'aviez, pour célébrer vos mystères proscrits, d'autre asile que les entrailles de la terre.

Que disoient vos persécuteurs? Ils disoient que vous propagiez des doctrines dangereuses ; que votre secte, ainsi qu'ils l'appeloient, troubloit l'ordre et la paix publique ; que, violateurs des lois et ennemis du genre humain, vous ébranliez l'empire en ébranlant la religion de l'empire.

Et dans cette détresse, sous cette oppression, que demandiez-vous? la liberté. Vous réclamiez le droit de n'obéir qu'à Dieu, de le servir et de l'adorer selon votre conscience.

Lorsque, même en se trompant dans leur foi, d'autres réclameront de vous ce droit sacré, respectez-le en eux, comme vous demandiez que les païens le respectassent en vous.

Respectez-le pour ne pas flétrir la mémoire de vos confesseurs, et ne pas souiller les cendres de vos martyrs.

La persécution a deux tranchans ; elle blesse à droite et à gauche.

Si vous ne vous souvenez plus des enseignemens du Christ, ressouvenez-vous des catacombes.

XXIX.

Gardez soigneusement en vos âmes la justice et la charité, elles seront votre sauvegarde ; elles banniront d'au milieu de vous les discordes et les dissensions.

Ce qui produit les discordes et les dissensions, ce qui engendre les procès qui scandalisent les gens de bien et ruinent les familles, c'est premièrement l'intérêt sordide, la passion insatiable d'acquérir et de posséder.

Combattez donc sans cesse en vous cette passion que Satan y excite sans cesse.

Qu'emporterez-vous de toutes les richesses que vous aurez amassées par de bonnes et de méchantes voies? Peu suffit à l'homme qui vit si peu de temps.

Une autre cause de dissensions interminables, ce sont les mauvaises lois.

Or il n'y a guère que de mauvaises lois dans le monde.

Quelle autre loi faut-il à celui qui a la loi du Christ?

La loi du Christ est claire, elle est sainte, et il n'est personne , s'il a cette loi dans le cœur, qui ne se juge lui-même aisément.

Écoutez ce qui m'a été dit :

Les enfans du Christ, s'ils ont entre eux quelques différends, ne doivent pas les porter devant les tribunaux de ceux qui oppriment la terre et qui la corrompent.

N'y a-t-il pas des vieillards parmi eux ; et ces vieillards ne sont-ils pas leurs pères, connoissant la justice et l'aimant?

Qu'ils aillent donc trouver un de ces vieillards, et qu'ils lui disent : Mon père, nous n'avons pu nous accorder moi et mon frère que voilà ; nous vous en prions, jugez entre nous.

Et le vieillard écoutera les paroles de l'un et de l'autre, et il jugera entre eux, et ayant jugé il les bénira.

Et s'ils se soumettent à ce jugement, la bénédiction demeurera sur eux : sinon , elle reviendra au vieillard qui aura jugé selon la justice.

Il n'est rien que ne puissent ceux qui sont unis, soit pour le bien, soit pour le mal. Le jour donc où vous serez unis sera le jour de votre délivrance.

Lorsque les enfans d'Israël étoient opprimés dans la terre d'Égypte, si chacun d'eux, oubliant ses frères, avoit voulu en sortir seul, pas un n'auroit échappé; ils sortirent tous ensemble, et nul ne les arrêta.

Vous êtes aussi dans la terre d'Égypte, courbés sous le sceptre de Pharaon et sous le fouet de ses exécuteurs : criez vers le Seigneur votre Dieu, et puis levez-vous et sortez ensemble.

XXX.

Quand la charité se fut refroidie et que l'injustice eut commencé à croître sur la terre, Dieu dit à un de ses serviteurs : Va de ma part trouver ce peuple , et annonce-lui ce que tu verras ; et ce que tu verras arrivera certainement, à moins que , quittant ses voies mauvaises, il ne se repente et ne revienne à moi.

Et le serviteur de Dieu obéit à son commandement ; et s'étant revêtu d'un sac, et ayant répandu de la cendre sur sa tête, il s'en alla vers cette multitude, et, élevant la voix, il disoit :

Pourquoi irritez-vous le Seigneur pour votre perte ? quittez vos voies mauvaises ; repentez-vous et revenez à lui.

Et les uns, écoutant ces paroles, en étoient touchés ; et les autres s'en moquoient, disant : Qui est celui-ci

et que vient-il nous dire? Qui l'a chargé de nous reprendre? C'est un insensé.

Et voilà, l'Esprit de Dieu saisit le prophète, et le
temps s'ouvrit à ses yeux, et les siècles passèrent devant lui.

Et tout-à-coup déchirant ses vêtemens : Ainsi, dit-il,
sera déchirée la famille d'Adam.

Les hommes d'iniquité ont mesuré la terre au cor-
deau; ils en ont compté les habitans : comme on
compte le bétail, tête à tête.

Ils ont dit : Partageons-nous cela, et faisons-en une
monnoie à notre usage.

Et le partage s'est fait, et chacun a pris ce qui lui
étoit échu, et la terre et ses habitans sont devenus la
possession des hommes d'iniquité; et se consultant tous
ensemble, ils se sont demandé : Combien vaut notre
possession? et tous ensemble ont répondu : Trente
deniers.

Et ils ont commencé à trafiquer entre eux avec ces
trente deniers.

Il y a eu des achats, des ventes, des trocs; des
hommes pour de la terre, de la terre pour des hommes,
et de l'or pour appoint.

Et chacun a convoité la part de l'autre, et ils se
sont mis à s'entr'égorger pour se dépouiller mutuellement, et, avec le sang qui couloit, ils ont écrit sur un
morceau de papier : Droit ; et sur un autre : Gloire.

Seigneur, assez ! assez !

En voilà deux qui jettent leurs crocs de fer sur un
peuple. Chacun en emporte son lambeau.

Le glaive a passé et repassé. Entendez-vous ces cris déchirans? ce sont les plaintes des jeunes épouses, et les lamentations des mères.

Deux spectres se glissent dans l'ombre; ils parcourent les campagnes et les cités. L'un, décharné comme un squelette, ronge un débris d'animal immonde; l'autre a sous l'aisselle une pustule noire, et les chacals le suivent en hurlant.

Seigneur, Seigneur, votre courroux sera-t-il éternel? votre bras ne s'étendra-t-il jamais que pour frapper? Épargnez les pères à cause des enfans. Laissez-vous attendrir aux pleurs de ces pauvres petites créatures qui ne savent pas encore distinguer leur main gauche de la droite.

Le monde s'élargit, la paix va renaître, il y aura place pour tous.

Malheur! malheur! le sang déborde; il entoure la terre comme une ceinture rouge.

Quel est ce vieillard qui parle de justice en tenant d'une main une coupe empoisonnée, et caressant de l'autre une prostituée qui l'appelle Mon père?

Il dit : C'est à moi qu'appartient la race d'Adam. Qui sont parmi vous les plus forts, et je la leur distribuerai?

Et ce qu'il a dit, il le fait; et de son trône, sans se lever, il assigne à chacun sa proie.

Et tous dévorent, dévorent; et leur faim va croissant, et ils se ruent les uns sur les autres, et la chair palpite, et les os craquent sous la dent.

Un marché s'ouvre, on y amène les nations la

corde au cou; on les palpe, on les pèse, on les fait
courir et marcher : elles valent tant. Ce ne sont plus
le tumulte et la confusion d'auparavant, c'est un commerce régulier.

Heureux les oiseaux du ciel et les animaux de la
terre! nul ne les contraint; ils vont et viennent comme
il leur semble bon.

Qu'est-ce que ces meules qui tournent sans cesse,
et que broient-elles?

Fils d'Adam, ces meules sont les lois de ceux qui
vous gouvernent; et ce qu'elles broient, c'est vous.

Et à mesure que le prophète jetoit sur l'avenir ces
lueurs sinistres, une frayeur mystérieuse s'emparoit
de ceux qui l'écoutoient.

Soudain sa voix cessa de se faire entendre, et il parut comme absorbé dans une pensée profonde. Le
peuple attendoit en silence, la poitrine serrée et pal-
pitante d'angoisse.

Alors le prophète : Seigneur, vous n'avez point
abandonné ce peuple dans sa misère; vous ne l'avez
pas livré pour jamais à ses oppresseurs.

Et il prit deux rameaux, et il en détacha les feuilles,
et, les ayant croisés, il les lia ensemble, et il les éleva
au-dessus de la multitude, disant : Ceci sera votre salut; vous vaincrez par ce signe.

Et la nuit se fit, et le prophète disparut comme une
ombre qui passe, et la multitude se dispersa de tous
côtés dans les ténèbres.

XXXI.

Lorsqu'après une longue sécheresse , une pluie douce tombe sur la terre, elle boit avidement l'eau du ciel qui la rafraîchit et la féconde.

Ainsi les nations altérées boiront avidement la parole de Dieu , lorsqu'elle descendra sur elles comme une tiède ondée.

Et la justice avec l'amour, et la paix et la liberté germeront dans leur sein.

Et ce sera comme au temps où tous étoient frères , et l'on n'entendra plus la voix du maître ni la voix de l'esclave, les gémissemens du pauvre ni les soupirs des opprimés, mais des chants d'allégresse et de bénédiction.

Les pères diront à leurs fils : Nos premiers jours ont été troublés, pleins de larmes et d'angoisses. Maintenant le soleil se lève et se couche sur notre joie.

Loué soit Dieu qui nous a montré ces biens avant de mourir !

Et les mères diront à leurs filles : Voyez nos fronts, à présent si calmes ; le chagrin, la douleur, l'inquiétude y creusèrent jadis de profonds sillons. Les vôtres sont comme, au printemps, la surface d'un lac qu'aucune brise n'agite. Loué soit Dieu qui nous a montré ces biens avant de mourir !

Et les jeunes hommes diront aux jeunes vierges : Vous êtes belles comme les fleurs des champs, pures comme la rosée qui les rafraîchit, comme la lumière qui les colore. Il nous est doux de voir nos pères, il nous est doux d'être auprès de nos mères ; mais quand nous vous voyons et que nous sommes près de vous, il se passe en nos âmes quelque chose qui n'a de nom qu'au ciel. Loué soit Dieu qui nous a montré ces biens avant de mourir !

Et les jeunes vierges répondront : Les fleurs se fanent, elles passent ; vient un jour où ni la rosée ne les rafraîchit, ni la lumière ne les colore plus. Il n'y a sur la terre que la vertu qui jamais ne se fane ni ne passe. Nos pères sont comme l'épi qui se remplit de grain vers l'automne, et nos mères comme la vigne qui se charge de fruits. Il nous est doux de voir nos pères, il nous est doux d'être auprès de nos mères : et les fils de nos pères et de nos mères nous sont doux aussi. Loué soit Dieu qui nous a montré ces biens avant de mourir !

XXXII.

Je voyois un hêtre monter à une prodigieuse hauteur. Du sommet presque jusqu'au bas, il étaloit d'énormes branches, qui couvroient la terre à l'entour, de sorte qu'elle étoit nue; il n'y venoit pas un seul brin d'herbe. Du pied du géant partoit un chêne qui, après s'être élevé de quelques pieds, se courboit, se tordoit, puis s'étendoit horizontalement, puis se relevoit encore et se tordoit de nouveau; et enfin on l'apercevoit allongeant sa tête maigre et dépouillée sous les branches vigoureuses du hêtre, pour chercher un peu d'air et un peu de lumière.

Et je pensai en moi-même : Voilà comme les petits croissent à l'ombre des grands.

Qui se rassemble autour des puissans du monde? qui approche d'eux? ce n'est pas le pauvre; on le chasse : sa vue souilleroit leurs regards. On l'éloigne avec soin de leur présence et de leurs palais; on ne le laisse pas même traverser leurs jardins ouverts à tous, hormis à lui, parce que son corps usé de travail est recouvert des vêtemens de l'indigence.

Qui donc se rassemble autour des puissans du monde? les riches et les flatteurs qui veulent le devenir, les femmes perdues, les ministres infâmes de leurs plaisirs secrets, les baladins, les fous qui distraient leur conscience, et les faux prophètes qui la trompent.

Qui encore? les hommes de violence et de ruse, les agens d'oppression, les durs exacteurs, tous ceux qui disent : Livrez-nous le peuple, et nous ferons couler son or dans vos coffres, et sa graisse dans vos veines.

Là où gît le corps les aigles s'assembleront.

Les petits oiseaux font leur nid dans l'herbe, et les oiseaux de proie sur les arbres élevés.

XXXIII.

Au temps où les feuilles jaunissent, un vieillard,
chargé d'un faix de ramée, revenoit lentement vers
sa chaumière, située sur la pente d'un vallon.

Et du côté où s'ouvroit le vallon, entre quelques
arbres jetés çà et là, on voyoit les rayons obliques
du soleil, déjà descendu sous l'horizon, se jouer dans
les nuages du couchant et les teindre de couleurs innombrables, qui peu à peu alloient s'effaçant.

Et le vieillard, arrivé à sa chaumière, son seul
bien avec le petit champ qu'il cultivoit auprès, laissa
tomber le faix de ramée, s'assit sur un siége de bois
noirci par la fumée de l'âtre, et baissa la tête sur sa
poitrine dans une profonde rêverie.

Et de fois à autre sa poitrine gonflée laissoit
échapper un court sanglot, et d'une voix cassée il
disoit :

Je n'avois qu'un fils, il me l'ont pris; qu'une pauvre vache, ils me l'ont prise pour l'impôt de mon champ.

Et puis, d'une voix plus foible, il répétoit : Mon fils, mon fils! et une larme venoit mouiller ses vieilles paupières, mais elle ne pouvoit couler.

Comme il étoit ainsi s'attristant, il entendit quelqu'un qui disoit : Mon père, que la bénédiction de Dieu soit avec vous et sur les vôtres !

Les miens? dit le vieillard, je n'ai plus personne qui tienne à moi; je suis seul.

Et, levant les yeux, il vit un pèlerin debout à la porte, appuyé sur un long bâton ; et sachant que c'est Dieu qui envoie les hôtes, il lui dit :

Que Dieu vous rende votre bénédiction. Entrez, mon fils ; tout ce qu'a le pauvre est au pauvre.

Et allumant sur le foyer son faix de ramée, il se mit à préparer le repas du voyageur.

Mais rien ne pouvoit le distraire de la pensée qui l'oppressoit : elle étoit là toujours, sur son cœur.

Et le pèlerin ayant connu ce qui le troubloit si amèrement, lui dit : Mon père, Dieu vous éprouve par la main des hommes. Cependant il y a des misères plus grandes que votre misère. Ce n'est pas l'opprimé qui souffre le plus, ce sont les oppresseurs.

Le vieillard secoua la tête et ne répondit point.

Le pèlerin reprit : Ce que maintenant vous ne croyez pas, vous le croirez bientôt.

Et l'ayant fait asseoir, il posa les mains sur ses yeux : et le vieillard tomba dans un sommeil sem-

blable au sommeil pesant, ténébreux, plein d'horreur, qui saisit Abraham quand Dieu lui montra les
malheurs futurs de sa race.

Et il lui sembla être transporté dans un vaste palais, près d'un lit, et à côté du lit étoit une couronne,
et dans ce lit un homme qui dormoit ; et ce qui se
passoit dans cet homme, le vieillard le voyoit ainsi
que le jour, durant la veille, on voit ce qui se passe
sous les yeux.

Et l'homme qui étoit là, couché sur un lit d'or,
entendoit comme les cris confus d'une multitude qui
demande du pain. C'étoit un bruit pareil au bruit des
flots qui brisent contre le rivage pendant la tempête.
Et la tempête croissoit, et le bruit croissoit ; et l'homme
qui dormoit voyoit les flots monter de moment en
moment, et battre déjà les murs du palais, et il faisoit des efforts inouïs comme pour fuir, et il ne pouvoit pas, et son angoisse étoit extrême.

Pendant qu'il le regardoit avec frayeur, le vieillard fut soudain transporté dans un autre palais. Celui
qui étoit couché là ressembloit plutôt à un cadavre
qu'à un homme vivant.

Et dans son sommeil, il voyoit devant lui des
têtes coupées ; et, ouvrant la bouche, ces têtes disoient :

Nous nous étions dévoués pour toi, et voilà le prix
que nous avons reçu. Dors, dors ; nous ne dormons
pas, nous. Nous veillons l'heure de la vengeance : elle
est proche.

Et le sang se figeoit dans les veines de l'homme

endormi. Et il se disoit : Si au moins je pouvois laisser ma couronne à cet enfant : et ses yeux hagards se tournoient vers un berceau sur lequel on avoit posé un bandeau de reine.

Mais, lorsqu'il commençoit à se calmer et à se consoler un peu dans cette pensée, un autre homme, semblable à lui par les traits, saisit l'enfant et l'écrasa contre la muraille.

Et le vieillard se sentit défaillir d'horreur.

Et il fut transporté au même instant en deux lieux divers; et, quoique séparés, ces lieux, pour lui, ne formoient qu'un lieu.

Et il vit deux hommes, qu'à l'âge près, on auroit pu prendre pour le même homme : et il comprit qu'ils avoient été nourris dans le même sein.

Et leur sommeil étoit celui du condamné qui attend le supplice à son réveil. Des ombres enveloppées d'un linceul sanglant passoient devant eux, et chacunes d'elles, en passant, les touchoit, et leurs membres se retiroient et se contractoient, comme pour se dérober à cet attouchement de la mort.

Puis ils se regardoient l'un l'autre avec une espèce de sourire affreux, et leur œil s'enflammoit, et leur main s'agitoit convulsivement sur un manche de poignard.

Et le vieillard vit ensuite un homme blême et maigre. Les soupçons se glissoient en foule près de son lit, distilloient leur venin sur sa face, murmuroient à voix basse des paroles sinistres, et enfonçoient lentement leurs ongles dans son crâne mouillé d'une sueur froide. Et une forme humaine, pâle comme un suaire, s'approcha de lui, et, sans parler, lui montra du doigt une marque livide qu'elle avoit autour du cou. Et, dans le lit où il gisoit, les genoux de l'homme blême se choquèrent, et sa bouche s'entrouvrit de terreur, et ses yeux se dilatèrent horriblement.

Et le vieillard, transi d'effroi, fut transporté dans un palais plus grand.

Et celui qui dormoit là ne respiroit qu'avec une peine extrême. Un spectre noir étoit accroupi sur sa poitrine et le regardoit en ricanant. Et il lui parloit à l'oreille, et ses paroles devenoient des visions dans l'âme de l'homme qu'il pressoit et fouloit de ses os pointus.

Et celui-ci se voyoit entouré d'une innombrable multitude qui poussoit des cris effrayans.

Tu nous as promis la liberté, et tu nous as donné l'esclavage.

Tu nous as promis de régner par les lois, et les lois ne sont que tes caprices.

Tu nous as promis d'épargner le pain de nos femmes et de nos enfans, et tu as doublé notre misère pour grossir tes trésors.

Tu nous as promis de la gloire, et tu nous as valu le mépris des peuples et leur juste haine.

Descends, descends, et va dormir avec les parjures et les tyrans.

Et il se sentoit précipité, traîné par cette multitude, et il s'accrochoit à des sacs d'or, et les sacs crevoient, et l'or s'échappoit et tomboit à terre.

Et il lui sembloit qu'il erroit pauvre dans le monde, et qu'ayant soif il demandoit à boire par charité, et qu'on lui présentoit un verre plein de boue, et que tous le fuyoient, tous le maudissoient, parce qu'il étoit marqué au front du signe des traîtres.

Et le vieillard détourna de lui les yeux avec dégoût.

Et dans deux autres palais il vit deux autres hommes rêvant de supplices. Car, disoient-ils, où trouverons-nous quelque sûreté? Le sol est miné sous nos pieds; les nations nous abhorrent; les petits enfans même, dans leurs prières, demandent à Dieu, soir et matin, que la terre soit délivrée de nous.

Et l'un condamnoit à la *prison dure*, c'est-à-dire à toutes les tortures du corps et de l'âme et à la mort de la faim, des malheureux qu'il soupçonnoit d'avoir prononcé le mot de patrie; et l'autre, après avoir confisqué leurs biens, ordonnoit de jeter au fond d'un cachot deux jeunes filles coupables d'avoir soigné leurs frères blessés dans un hôpital.

Et comme ils se fatiguoient à ce travail de bourreau, des messagers leur arrivèrent.

Et l'un des messagers disoit : Vos provinces du Midi ont brisé leurs chaînes, et avec les tronçons elles ont chassé vos gouverneurs et vos soldats.

Et l'autre : Vos aigles ont été déchirées sur les bords du large fleuve : ses flots en emportent les débris.

Et les deux rois se tordoient sur leur couche.

Et le vieillard en vit un troisième. Il avoit chassé

Dieu de son cœur, et, dans son cœur, à la place de Dieu, étoit un ver qui le rongeoit sans relâche ; et quand l'angoisse devenoit plus vive, il balbutioit de sourds blasphèmes, et ses lèvres se couvroient d'une écume rougeâtre.

Et il lui sembloit être dans une plaine immense, seul avec le ver qui ne le quittoit point. Et cette plaine étoit un cimetière, le cimetière d'un peuple égorgé.

Et tout-à-coup voilà que la terre s'émeut ; les tombes s'ouvrent, les morts se lèvent et s'avancent en foule : et il ne pouvoit ni faire un mouvement, ni pousser un cri.

Et tous ces morts, hommes, femmes, enfans, le regardoient en silence : et après un peu de temps, dans le même silence, ils prirent les pierres des tombes et les posèrent autour de lui.

Il en eut d'abord jusqu'aux genoux, puis jusqu'à la poitrine, puis jusqu'à la bouche, et il tendoit avec effort les muscles de son cou pour respirer une fois de plus ; et l'édifice montoit toujours, et, lorsqu'il fut achevé, le faîte se perdoit dans une nuée sombre.

Les forces du vieillard commençoient à l'abandonner ; son âme regorgeoit d'épouvante.

Et voilà qu'ayant traversé plusieurs salles désertes, dans une petite chambre, sur un lit qu'éclairoit à peine une lampe pâle, il aperçoit un homme usé par les ans.

Autour du lit étoient sept peurs, quatre d'un côté, trois de l'autre.

Et l'une des peurs posa la main sur le cœur de l'homme âgé, et il tressaillit, et ses membres tremblèrent; et la main resta là tant qu'elle sentit un peu de chaleur.

Et après celle-ci une autre plus froide fit ce qu'avoit fait la première, et toutes posèrent la main sur le cœur de l'homme âgé.

Et il se passa en lui des choses qu'on ne peut dévoiler.

Il voyoit dans le lointain, vers le pôle, un fantôme horrible qui lui disoit : Donne-toi à moi, et je te réchaufferai de mon haleine.

Et, de ses doigts glacés, l'homme de peur écrivoit un pacte, je ne sais quel pacte, mais chaque mot en étoit comme un râle d'agonie.

Et ce fut la dernière vision. Et le vieillard s'étant réveillé, rendit grâces à la Providence de la part qu'elle lui avoit faite dans les douleurs de la vie.

Et le pèlerin lui dit : Espérez et priez; la prière obtient tout. Votre fils n'est pas perdu; vos yeux le reverront avant de se fermer. Attendez en paix les jours de Dieu.

Et le vieillard attendit en paix.

XXXIV.

Les maux qui affligent la terre ne viennent pas de
Dieu, car Dieu est amour, et tout ce qu'il a fait est
bon; ils viennent de Satan, que Dieu a maudit, et
des hommes qui ont Satan pour père et pour maître.

Or les fils de Satan sont nombreux dans le monde.
A mesure qu'ils passent, Dieu écrit leurs noms dans
un livre, scellé, qui sera ouvert et lu devant tous à
la fin des temps.

Il y a des hommes qui n'aiment qu'eux-mêmes; et
ceux-ci sont des hommes de haine, car n'aimer que
soi c'est haïr les autres.

Il y a des hommes d'orgueil qui ne peuvent souffrir
d'égaux, qui veulent toujours commander et dominer.

Il y a des hommes de convoitise qui demandent
toujours de l'or, des honneurs, des jouissances, et ne
sont jamais rassasiés.

Il y a des hommes de rapine qui épient le foible pour le dépouiller de force ou de ruse, et qui rôdent la nuit autour de la demeure de la veuve et de l'orphelin.

Il y a des hommes de meurtre, qui n'ont que des pensées violentes, qui disent : Vous êtes nos frères, et tuent ceux qu'ils appellent leurs frères, sitôt qu'ils les soupçonnent d'être opposés à leurs desseins, et écrivent des lois avec leur sang.

Il y a des hommes de peur, qui tremblent devant le méchant et lui baisent la main, espérant par là se dérober à son oppression, et qui, lorsqu'un innocent est attaqué sur la place publique, se hâtent de rentrer dans leur maison et d'en fermer la porte.

Tous ces hommes ont détruit la paix, la sûreté et la liberté sur la terre.

Vous ne retrouverez donc la liberté, la sûreté, la paix, qu'en combattant contre eux sans relâche.

La cité qu'ils ont faite est la cité de Satan ; vous avez à rebâtir la cité de Dieu.

Dans la cité de Dieu chacun aime ses frères comme soi-même ; et c'est pourquoi nul n'est délaissé, nul n'y souffre, s'il est un remède à ses souffrances.

Dans la cité de Dieu tous sont égaux, aucun ne domine, car lá justice seule y règne avec l'amour.

Dans la cité de Dieu chacun possède sans crainte ce qui est à lui, et ne désire rien de plus, parce que ce qui est à chacun est à tous, et que tous possèdent Dieu qui renferme tous les biens.

Dans la cité de Dieu nul ne sacrifie les autres à soi, mais chacun est prêt à se sacrifier pour les autres.

Dans la cité de Dieu s'il se glisse un méchant, tous se séparent de lui, et tous s'unissent pour le contenir, ou pour le chasser : car le méchant est l'ennemi de chacun, et l'ennemi de chacun est l'ennemi de tous.

Quand vous aurez rebâti la cité de Dieu, la terre refleurira, et les peuples refleuriront, parce que vous aurez vaincu les fils de Satan qui oppriment les peuples et désolent la terre, les hommes d'orgueil, les hommes de rapine, les hommes de meurtre et les hommes de peur.

———

XXXV.

Si les oppresseurs des nations étoient abandonnés à eux-mêmes, sans appui, sans secours étranger, que pourroient-ils contre elles ?

Si, pour les tenir en servitude, ils n'avoient d'aide que l'aide de ceux à qui la servitude profite, que seroit-ce que ce petit nombre contre des peuples entiers?

Et c'est la sagesse de Dieu qui a ainsi disposé les choses, afin que les hommes puissent toujours résister à la tyrannie ; et la tyrannie seroit impossible, si les hommes comprenoient la sagesse de Dieu.

Mais ayant tourné leur cœur à d'autres pensées, les dominateurs du monde ont opposé à la sagesse de Dieu, que les hommes ne comprenoient plus, la sagesse du prince de ce monde, de Satan.

Or Satan, qui est le roi des oppresseurs des nations,

leur suggéra, pour affermir leur tyrannie, une ruse infernale.

Il leur dit : Voici ce qu'il faut faire. Prenez dans chaque famille les jeunes gens les plus robustes et donnez-leur des armes, et exercez-les à les manier, et ils combattront pour vous contre leurs pères et leurs frères ; car je leur persuaderai que c'est une action glorieuse.

Je leur ferai deux idoles qui s'appelleront Honneur et Fidélité, et une loi qui s'appellera Obéissance passive.

Et ils adoreront ces idoles, et ils se soumettront à cette loi aveuglément, parce que je séduirai leur esprit, et vous n'aurez plus rien à craindre.

Et les oppresseurs des nations firent ce que Satan leur avoit dit, et Satan aussi accomplit ce qu'il avoit promis aux oppresseurs des nations.

Et l'on vit les enfans du peuple lever le bras contre le peuple, égorger leurs frères, enchaîner leurs pères, et oublier jusqu'aux entrailles qui les avoient portés.

Quand on leur disoit : Au nom de tout ce qui est sacré, pensez à l'injustice, à l'atrocité de ce qu'on vous ordonne; ils répondoient : Nous ne pensons point, nous obéissons.

Et quand on leur disoit : N'y a-t-il plus en vous aucun amour pour vos pères, vos mères, vos frères et vos sœurs? ils répondoient : Nous n'aimons point, nous obéissons.

Et quand on leur montroit les autels du Dieu qui a créé l'homme et du Christ qui l'a sauvé, ils s'écrioient:

Ce sont là les dieux de la patrie ; nos dieux, à nous, sont les dieux de ses maîtres, la Fidélité et l'Honneur.

Je vous le dis en vérité, depuis la séduction de la première femme par le Serpent, il n'y a point eu de séduction plus effrayante que celle-là.

Mais elle touche à sa fin. Lorsque l'esprit mauvais fascine des âmes droites, ce n'est que pour un temps. Elles passent comme à travers un rêve affreux, et au réveil elles bénissent Dieu qui les a délivrées de ce tourment.

Encore quelques jours, et ceux qui combattoient pour les oppresseurs combattront pour les opprimés ; ceux qui combattoient pour retenir dans les fers leurs pères, leurs mères, leurs frères et leurs sœurs, combattront pour les affranchir.

Et Satan fuira dans ses cavernes avec les dominateurs des nations.

XXXVI.

Jeune soldat, où vas-tu?

Je vais combattre pour Dieu et les autels de la patrie.

Que tes armes soient bénies, jeune soldat!

Jeune soldat, où vas-tu?

Je vais combattre pour la justice, pour la sainte cause des peuples, pour les droits sacrés du genre humain.

Que tes armes soient bénies, jeune soldat!

Jeune soldat, où vas-tu?

Je vais combattre pour délivrer mes frères de l'oppression, pour briser leurs chaînes et les chaînes du monde.

Que tes armes soient bénies, jeune soldat!

Jeune soldat, où vas-tu?

Je vais combattre contre les hommes iniques pour

ceux qu'ils renversent et foulent aux pieds, contre les maîtres pour les esclaves, contre les tyrans pour la liberté.

Que tes armes soient bénies, jeune soldat!

Jeune soldat, où vas-tu?

Je vais combattre pour que tous ne soient plus la proie de quelques uns, pour relever les têtes courbées et soutenir les genoux qui fléchissent.

Que tes armes soient bénies, jeune soldat!

Jeune soldat, où vas-tu?

Je vais combattre pour que les pères ne maudissent plus le jour où il leur fut dit : Un fils vous est né; ni les mères celui où elles le serrèrent pour la première fois sur leur sein.

Que tes armes soient bénies, jeune soldat!

Jeune soldat, où vas-tu?

Je vais combattre pour que le frère ne s'attriste plus en voyant sa sœur se faner comme l'herbe que la terre refuse de nourrir; pour que la sœur ne regarde plus en pleurant son frère qui part et ne reviendra point.

Que tes armes soient bénies, jeune soldat!

Jeune soldat, où vas-tu?

Je vais combattre pour que chacun mange en paix le fruit de son travail; pour sécher les larmes des petits enfans qui demandent du pain, et on leur répond : Il n'y a plus de pain; on nous a pris ce qui en restoit.

Que tes armes soient bénies, jeune soldat!

Jeune soldat, où vas-tu?

Je vais combattre pour le pauvre, pour qu'il ne soit pas à jamais dépouillé de sa part dans l'héritage commun.   -

Que tes armes soient bénies, jeune soldat!

Jeune soldat, où vas-tu?

Je vais combattre pour chasser la faim des chaumières, pour ramener dans les familles l'abondance, la sécurité et la joie.

Que tes armes soient bénies, jeune soldat!

Jeune soldat, où vas-tu?

Je vais combattre pour rendre à ceux que les oppresseurs ont jetés au fond des cachots, l'air qui manque à leurs poitrines et la lumière que cherchent leurs yeux.

Que tes armes soient bénies, jeune soldat!

Jeune soldat, où vas-tu?

Je vais combattre pour renverser les barrières qui séparent les peuples, et les empêchent de s'embrasser comme les fils du même père, destinés à vivre unis dans un même amour.

Que tes armes soient bénies, jeune soldat!

Jeune soldat, où vas-tu?

Je vais combattre pour affranchir de la tyrannie de l'homme la pensée, la parole, la conscience.

Que tes armes soient bénies, jeune soldat!

Jeune soldat, où vas-tu?

Je vais combattre pour les lois éternelles descendues d'en-haut, pour la justice qui protége les droits, pour la charité qui adoucit les maux inévitables.

Que tes armes soient bénies, jeune soldat!

Jeune soldat, où vas-tu?

Je vais combattre pour que tous aient au ciel un Dieu, et une patrie sur la terre.

Que tes armes soient bénies, sept fois bénies, jeune soldat !

XXXVII.

Pourquoi vous fatiguez-vous vainement dans votre misère? votre désir est bon, mais vous ne savez pas comment il doit s'accomplir.

Retenez bien cette maxime : Celui-là seul peut rendre la vie, qui a donné la vie.

Vous ne réussirez à rien sans Dieu.

Vous vous tournez et retournez sur votre lit d'angoisse : quel soulagement avez-vous trouvé?

Vous avez abattu quelques tyrans, et il en est venu d'autres pires que les premiers.

Vous avez aboli des lois de servitude, et vous avez eu des lois de sang ; et après, encore des lois de servitude.

Défiez-vous donc des hommes qui se mettent entre Dieu et vous, pour que leur ombre vous le cache. Ces hommes-là ont de mauvais desseins.

Car c'est de Dieu que vient la force qui délivre, parce que c'est de Dieu que vient l'amour qui unit.

Que peut faire pour vous un homme qui n'a que sa pensée pour règle, et pour loi que sa volonté?

Même quand il est de bonne foi et ne souhaite que le bien, il faut qu'il vous donne sa volonté pour loi et sa pensée pour règle.

Or tous les tyrans ne font que cela.

Ce n'est pas la peine de bouleverser tout et de s'exposer à tout, pour substituer à une tyrannie une autre tyrannie.

La liberté ne consiste pas en ce que ce soit celui-ci qui domine au lieu de celui-là; mais en ce qu'aucun ne domine.

Or où Dieu ne règne pas il est nécessaire qu'un homme domine, et cela s'est vu toujours.

Le règne de Dieu, je vous le dis encore, c'est le règne de la justice dans les esprits et de la charité dans les cœurs : et il a sur la terre son fondement dans la foi en Dieu et la foi au Christ qui a promulgué la loi de Dieu, la loi de charité et la loi de justice.

La loi de justice enseigne que tous sont égaux devant leur père, qui est Dieu, et devant leur seul maître, qui est le Christ.

La loi de charité leur apprend à s'aimer et à s'entr'aider comme les fils d'un même père et les disciples d'un même maître.

Et alors ils sont libres, parce que nul ne commande à autrui s'il n'a été librement choisi de tous pour commander : et on ne peut leur ravir leur liberté, parce qu'ils sont tous unis pour la défendre.

Mais ceux qui vous disent : Avant nous, on n'a pas su ce que c'est que la justice : la justice ne vient pas de Dieu, elle vient de l'homme : fiez-vous à nous, et nous vous en ferons une qui vous satisfera :

Ceux-là vous trompent, ou, s'ils vous promettent sincèrement la liberté, ils se trompent eux-mêmes.

Car ils vous demandent de les reconnoître pour maîtres, et ainsi votre liberté ne seroit que l'obéissance à ces nouveaux maîtres.

Répondez-leur que votre maître est le Christ, que vous n'en voulez point d'autre, et le Christ vous affranchira.

XXXVIII.

Vous avez besoin de beaucoup de patience et d'un courage qui ne se lasse point : car vous ne vaincrez pas en un jour.

La liberté est le pain que les peuples doivent gagner à la sueur de leur front.

Plusieurs commencent avec ardeur, et puis ils se rebutent avant d'être arrivés au temps de la moisson.

Ils ressemblent aux hommes mous et lâches qui, ne pouvant supporter le travail d'arracher de leurs champs les mauvaises herbes à mesure qu'elles croissent, sèment et ne recueillent point, parce qu'ils ont laissé étouffer la bonne semence.

Je vous le dis, il y a toujours une grande famine dans ce pays-là.

Ils ressemblent encore aux hommes insensés qui, ayant élevé jusqu'au toit une maison pour s'y loger, négligent de la couvrir, parce qu'ils craignent un peu de fatigue de plus.

Les vents et les pluies viennent, et la maison s'écroule, et ceux qui l'avoient bâtie sont tout-à-coup ensevelis sous ses ruines.

Quand même vos espérances auroient été trompées non seulement sept fois, mais septante fois sept fois, ne perdez jamais l'espérance.

Lorsqu'on a foi en elle, la cause juste triomphe toujours; et celui-là se sauve, qui persévère jusqu'à la fin.

Ne dites pas : C'est souffrir beaucoup pour des biens qui ne viendront que tard.

Si ces biens viennent tard, si vous n'en jouissez que peu de temps, ou que même il ne vous soit pas donné d'en jouir du tout, vos enfans en jouiront, et les enfans de vos enfans.

Ils n'auront que ce que vous leur laisserez : voyez donc si vous voulez leur laisser des fers et des verges et la faim pour héritage.

Celui qui se demande ce que vaut la justice, profane en son cœur la justice; et celui qui suppute ce que coûte la liberté, renonce en son cœur à la liberté.

La liberté et la justice vous peseront dans la même balance où vous les aurez pesées. Apprenez donc à en connoître le prix.

Il y a des peuples qui ne l'ont point connu, et jamais misère n'égala leur misère.

S'il est sur la terre que que chose de grand, c'est la résolution ferme d'un peuple qui marche sous l'œil de Dieu, sans se lasser un moment, à la conquête des droits qu'il tient de lui; qui ne compte ni ses blessures, ni les jours sans repos, ni les nuits sans sommeil, et qui se dit : Qu'est-ce que cela? la justice et la liberté sont dignes de bien d'autres travaux.

Il pourra éprouver des infortunes, des revers, des trahisons, être vendu par quelque Judas... Que rien ne le décourage.

Car, je vous le dis en vérité, quand il descendroit comme le Christ dans le tombeau, comme le Christ il en sortiroit le troisième jour, vainqueur de la mort, et du prince de ce monde, et des ministres du prince de ce monde.

XXXIX.

Le laboureur porte le poids du jour, s'expose à la pluie, au soleil, aux vents, pour préparer par son travail la moisson qui remplira ses greniers à l'automne.

La justice est la moisson des peuples.

L'artisan se lève avant l'aube, allume sa petite lampe, et fatigue sans relâche pour gagner un peu de pain qui le nourrisse lui et ses enfans.

La justice est le pain des peuples.

Le marchand ne refuse aucun labeur, ne se plaint d'aucune peine ; il use son corps et oublie le sommeil, afin d'amasser des richesses.

La liberté est la richesse des peuples.

Le matelot traverse les mers, se livre aux flots et aux tempêtes, se hasarde entre les écueils, souffre le froid et le chaud, afin de s'assurer quelque repos dans ses vieux ans.

La liberté est le repos des peuples.

Le soldat se soumet aux plus dures privations, il veille et combat, et donne son sang pour ce qu'il appelle la gloire.

La liberté est la gloire des peuples.

S'il est un peuple qui estime moins la justice et la liberté que le laboureur sa moisson, l'artisan un peu de pain, le marchand les richesses, le matelot le repos, et le soldat la gloire; élevez autour de ce peuple une haute muraille, afin que son haleine n'infecte pas le reste de la terre.

Quand viendra le grand jour du jugement des peuples, il lui sera dit : Qu'as-tu fait de ton âme? on n'en a vu ni signe ni trace. Les jouissances de la brute ont été tout pour toi. Tu as aimé la boue, va pourrir dans la boue.

Et le peuple, au contraire, qui au-dessus des biens matériels aura placé dans son cœur les vrais biens; qui pour les conquérir n'aura épargné aucun travail, aucune fatigue, aucun sacrifice, entendra cette parole :

A ceux qui ont une âme la récompense des âmes. Parce que tu as aimé plus que toutes choses la liberté et la justice, viens, et possède à jamais la justice et la liberté.

XL.

Croyez-vous que le bœuf qu'on nourrit à l'étable
pour l'atteler au joug et qu'on engraisse pour la boucherie, soit plus à envier que le taureau qui cherche
libre sa nourriture dans les forêts?

Croyez-vous que le cheval qu'on selle et qu'on
bride, et qui a toujours abondamment du foin dans
le râtelier, jouisse d'un sort préférable à celui de l'é-
talon qui, délivré de toute entrave, hennit et bondit
dans la plaine?

Croyez-vous que le chapon à qui l'on jette du grain
dans la basse-cour, soit plus heureux que le ramier
qui, le matin, ne sait pas où il trouvera sa pâture de
la journée ?

Croyez-vous que celui qui se promène tranquille
dans un de ces parcs qu'on appelle royaumes, ait une
vie plus douce que e fugitif qui , de bois en bois et de

rocher en rocher, s'en va le cœur plein de l'espérance de se créer une patrie?

Croyez-vous que le serf imbécile, assis à la table de son seigneur, en savoure plus les mets délicats, que le soldat de la liberté son morceau de pain noir?

Croyez-vous que celui qui dort, la corde au cou, sur la litière que lui a jetée son maître, ait un meilleur sommeil que celui qui, après avoir combattu pendant le jour pour ne dépendre d'aucun maître, se repose quelques heures, la nuit, sur la terre, au coin d'un champ?

Croyez-vous que le lâche qui traîne en tout lieu la chaîne de l'esclave, soit moins chargé que l'homme de courage qui porte les fers du prisonnier?

Croyez-vous que l'homme timide qui expire dans son lit, étouffé par l'air infect qui environne la tyrannie, ait une mort plus désirable que l'homme ferme qui, sur l'échafaud, rend à Dieu son âme libre comme il l'a reçue de lui?

Le travail est partout et la souffrance partout : seulement il y a des travaux stériles et des travaux féconds, des souffrances infâmes et des souffrances glorieuses.

XLI.

Il s'en alloit errant sur la terre. Que Dieu guide le pauvre exilé !

J'ai passé à travers les peuples, et ils m'ont regardé, et je les ai regardés, et nous ne nous sommes point reconnus. L'exilé partout est seul.

Lorsque je voyois, au déclin du jour, s'élever du creux d'un vallon la fumée de quelque chaumière, je me disois : Heureux celui qui retrouve, le soir, le foyer domestique, et s'y assied au milieu des siens ! L'exilé partout est seul.

Où vont ces nuages que chasse la tempête? Elle me chasse comme eux, et qu'importe où? L'exilé partout est seul.

Ces arbres sont beaux, ces fleurs sont belles; mais

ce ne sont point les fleurs ni les arbres de mon pays :
ils ne me disent rien. L'exilé partout est seul.

Ce ruisseau coule mollement dans la plaine; mais
son murmure n'est pas celui qu'entendit mon enfance :
il ne rappelle à mon âme aucun souvenir. L'exilé partout est seul.

Ces chants sont doux, mais les tristesses et les joies
qu'ils réveillent ne sont ni mes tristesses ni mes joies.
L'exilé partout est seul.

On m'a demandé : Pourquoi pleurez-vous? et
quand je l'ai dit, nul n'a pleuré; parce qu'on ne me
comprenoit point. L'exilé partout est seul.

J'ai vu des vieillards entourés d'enfans, comme
l'olivier de ses rejetons; mais aucun de ces vieillards
ne m'appeloit son fils, aucun de ces enfans ne m'appeloit son frère. L'exilé partout est seul.

J'ai vu des jeunes filles sourire, d'un sourire aussi
pur que la brise du matin, à celui que leur amour
s'étoit choisi pour époux; mais pas une ne m'a souri.
L'exilé partout est seul.

J'ai vu des jeunes hommes, poitrine contre poitrine, s'étreindre comme s'ils avoient voulu de deux
vies ne faire qu'une vie; mais pas un ne m'a serré la
main. L'exilé partout est seul.

Il n'y a d'amis, d'épouses, de pères et de frères que
dans la patrie. L'exilé partout est seul.

Pauvre exilé ! cesse de gémir; tous sont bannis
comme toi : tous voient passer et s'évanouir pères,
frères, épouses, amis.

La patrie n'est point ici-bas : l'homme vainement

l'y cherche ; ce qu'il prend pour elle n'est qu'un gîte d'une nuit.

Il s'en va errant sur la terre. Que Dieu guide le pauvre exilé !

XLII.

Et la patrie me fut montrée.

Je fus ravi au-dessus de la région des ombres; et je voyois le temps les emporter d'une vitesse indicible à travers le vide, comme on voit le souffle du midi emporter les vapeurs légères qui glissent dans le lointain sur la plaine.

Et je montois, et je montois encore; et les réalités, invisibles à l'œil de chair, m'apparurent, et j'entendis des sons qui n'ont point d'écho dans ce monde de fantômes.

Et ce que j'entendois, ce que je voyois étoit si vivant, mon âme le saisissoit avec une telle puissance, qu'il me sembloit qu'auparavant tout ce que j'avois cru voir et entendre n'étoit qu'un songe vague de la nuit.

Que dirai-je donc aux enfans de la nuit, et que peuvent-ils comprendre? Et des hauteurs du jour éternel ne suis-je pas aussi retombé avec eux au sein de la nuit, dans la région du temps et des ombres?

Je voyois comme un océan immobile, immense, infini; et dans cet océan, trois océans : un océan de force, un océan de lumière, un océan de vie; et ces trois océans, se pénétrant l'un l'autre sans se confondre, ne formoient qu'un même océan, qu'une même unité indivisible, absolue, éternelle.

Et cette unité étoit Celui qui est; et, au fond de son être, un nœud ineffable lioit entre elles trois personnes qui me furent nommées, et leurs noms étoient le Père, le Fils, l'Esprit; et il y avoit là une génération mystérieuse, un souffle mystérieux, vivant, fécond; et le Père, le Fils, l'Esprit, étoient Celui qui est.

Et le Père m'apparoissoit comme une puissance qui, au dedans de l'Être infini, un avec elle, n'a qu'un seul acte, permanent, complet, illimité, qui est l'Être infini lui-même.

Et le Fils m'apparoissoit comme une parole, permanente, complète, illimitée, qui dit ce qu'opère la puissance du Père, ce qu'il est, ce qu'est l'Être infini.

Et l'Esprit m'apparoissoit comme l'amour, l'effusion, l'aspiration mutuelle du Père et du Fils, les animant d'une vie commune, animant d'une vie permanente, complète, illimitée, l'Être infini.

Et ces trois étoient un, et ces trois étoient Dieu, et

ils s'embrassoient et s'unissoient dans l'impénétrable sanctuaire de la substance une ; et cette union, cet embrassement, étoient, au sein de l'immensité, l'éternelle joie, la volupté éternelle de Celui qui est.

Et dans les profondeurs de cet infini océan d'être, nageoit et flottoit et se dilatoit la création ; telle qu'une île qui incessamment dilateroit ses rivages au milieu d'une mer sans limites.

Elle s'épanouissoit comme une fleur qui jette ses racines dans les eaux, et qui étend ses longs filets et ses corolles à la surface.

Et je voyois les êtres s'enchaîner aux êtres, et se produire et se développer dans leur variété innombrable, s'abreuvant, se nourrissant d'une sève qui jamais ne s'épuise, de la force, de la lumière et de la vie de Celui qui est.

Et tout ce qui m'avoit été caché jusqu'alors se dévoiloit à mes regards, que n'arrêtoit plus la matérielle enveloppe des essences.

Dégagé des entraves terrestres, je m'en allois de monde en monde comme ici-bas l'esprit va d'une pensée à une pensée ; et après m'être plongé, perdu, dans ces merveilles de la puissance, de la sagesse et de l'amour, je me plongeois, je me perdois dans la source même de l'amour, de la sagesse et de la puissance.

Et je sentois ce que c'est que la patrie ; et je m'enivrois de lumière, et mon âme emportée par des flots d'harmonie s'endormoit sur les ondes célestes dans une extase inénarrable.

Et puis je voyois le Christ à la droite de son Père, rayonnant d'une gloire immortelle.

Et je le voyois aussi comme un agneau mystique immolé sur un autel ; des myriades d'anges et d'hommes rachetés de son sang l'environnoient, et, chantant ses louanges, ils lui rendoient grâce dans le langage des cieux.

Et une goutte du sang de l'Agneau tomboit sur la nature languissante et malade, et je la vis se transfigurer ; et toutes les créatures qu'elle renferme palpitèrent d'une vie nouvelle, et toutes élevèrent la voix, et cette voix disoit :

Saint, Saint, Saint, est Celui qui a détruit le mal et vaincu la mort.

Et le Fils se pencha sur le sein du Père, et l'Esprit les couvrit de son ombre, et il y eut entre eux un mystère divin : et les cieux en silence tressaillirent.

DE L'ABSOLUTISMÈ

ET

DE LA LIBERTÉ.

DE L'ABSOLUTISME

ET

DE LA LIBERTÉ.

DIALOGHETTI.

Deux doctrines, deux systèmes se disputent aujour-d'hui l'empire du monde : la doctrine de la liberté et la doctrine de l'absolutisme ; le système qui donne à la société le droit pour fondement, et celui qui la livre à la force brutale. Les destinées futures de l'humanité dépendront du triomphe de l'un ou de l'autre. Si la victoire reste à la force brutale ; courbés vers la terre comme les animaux, mornes, muets, haletans, les hommes, hâtés par le fouet du maître, s'en iront mouillant de leur sueur et de leurs larmes les rudes sillons qu'il leur faudra creuser sans autre espérance que d'enfouir sous la dernière glèbe le sanglant fardeau de leur misère. Si, au contraire, le droit l'emporte, le genre humain marchera dans ses voies, la

11.

tête haute, le front serein, l'œil fixé sur l'avenir, sanctuaire radieux où la Providence a déposé les biens promis à ses efforts persévérans. La lutte engagée entre ces deux systèmes devient chaque jour plus vive. D'un côté sont les peuples épuisés de souffrance et de patience, ardens de désir et d'espoir, émus jusqu'au fond des entrailles par l'instinct long-temps endormi de tout ce qui fait la dignité et la grandeur de l'homme, puissans de leur foi en la justice : de leur amour pour la liberté, qui, bien comprise, est l'ordre véritable ; de leur volonté ferme de la conquérir : de l'autre sont les pouvoirs absolus avec leurs soldats et leurs agens de toutes sortes, les ressources publiques, l'or, le crédit, et les innombrables avantages d'une organisation dont les élémens se tiennent, s'enchaînent, s'appuient les uns les autres, tandis qu'en dehors d'elle et par elle tout est isolé, comprimé, n'a de mouvement qu'entre les sabres de deux gendarmes, de parole qu'entre les oreilles de deux espions.

Rien, au premier coup d'œil, ne semble plus inégal que les forces respectives de ces camps opposés. Mais il faut observer, d'une part, que plus les armées sont nombreuses, plus elles sortent immédiatement du peuple et ont de pensées, de vœux, de sympathies communes avec lui : peuple enfin elles-mêmes, en très grande partie, et, quoi qu'on essaie de leur persuader, n'ayant en définitive d'autres intérêts que les siens, il est impossible qu'elles soient long-temps encore un instrument passif entre les mains de ses oppresseurs ; tandis que, d'une autre part, les excessives dépenses qu'exige l'entretien de ces armées amenant tôt ou tard la banqueroute universelle qui menace chaque jour de plus près tous les États européens, le moment viendra où ces énormes masses d'hommes, rassemblées dans le but d'étayer la tyrannie, devront nécessairement être dissoutes, faute de pouvoir les maintenir sur pied. L'expérience d'ailleurs prouve que, dans la lutte entre deux forces, l'une matérielle, l'autre morale, celle-ci à la longue triomphe toujours : or la force morale est tout entière du côté des peuples. Il suffit, pour s'en convaincre, de considérer en eux-mêmes le système de liberté que les peuples défendent, et le système d'absolutisme que les souverains ont entrepris de faire prévaloir à leur profit.

Le premier, qui a sa racine dans les plus saintes et les plus imprescriptibles lois de la nature humaine, représenteroit l'ordre parfait, s'il étoit possible de le réaliser pleinement sur la terre. Mais si cette perfection est maintenant interdite à l'homme, à cause de la maladie interne qui le travaille, elle n'en demeure pas moins le terme auquel il doit tendre, le but vers lequel il est de son devoir de se diriger incessamment. Car il en est des peuples comme des individus : ni les uns ni les autres ne seront jamais complètement délivrés durant la vie présente des infirmités qui en sont inséparables à un certain point ; mais les uns et les autres peuvent et doivent avancer perpétuellement dans la guérison, qui commence ici et s'achève ailleurs. D'où il suit que la société, progressive par sa nature, implique de continuels changemens, des révolutions successives. On s'effraie de ce mot de révolution ; et l'on a raison de s'en effrayer, si l'on entend par là les désordres que produisent, au sein d'une nation où fermentent des idées et des espérances nouvelles, les intérêts et les passions vivement exaltés. Mais les révolutions qui marquent un pas fait dans la vraie civilisation, et ouvrent ainsi une ère plus heureuse ; les révolutions nées du développement de la notion du droit dans les intelligences, ont certes, en résultat, un tout autre caractère, et doivent être, quelques souffrances qui les accompagnent, non pas redoutées, mais bénies comme des bienfaits de la Providence et des preuves éclatantes de l'action qu'elle exerce sur les destinées générales de l'humanité. Elles sont, pour ainsi parler, Dieu présent à nos yeux dans le monde : car évidemment ces transformations qui changent, en l'élevant, l'état du genre humain ; ces soudaines brises qui le poussent, quoique à travers bien des écueils, vers de plus fortunés rivages, renferment quelque chose de divin. La plus profonde révolution que, sous tous les rapports, il ait en effet subie, fut, sans aucune comparaison, l'établissement du christianisme, et celle qui depuis cinquante ans s'opère en Europe n'en est que la continuation. Qui ne voit pas cela est totalement incapable de rien voir, et plus incapable de rien comprendre aux événemens contemporains. Dix-huit siècles de labeur social ont à peine suffi pour les préparer. Car de quoi s'agit-il ? de modifier les formes du pouvoir, de réformer quelques abus, d'introduire dans les lois quelques améliorations généralement jugées nécessaires? Non, certes, ce n'est pas là ce qui agite les peuples et les émeut si puissamment. Il s'agit pour eux de substituer, dans les bases mêmes de la société, un principe à un autre principe, l'égalité de nature à l'inégalité de race, la liberté de tous à la domination native et absolue de quelques uns. Et cela qu'est-ce autre chose que le christianisme s'épandant au dehors de la société purement religieuse, et animant de sa vie puissante le monde politique, après avoir perfectionné, au-delà de toute mesure jadis espérable, le monde intellectuel et moral?

Il posa pour principe fondamental de sa doctrine, sous le point de vue où nous la considérons en ce moment, l'égalité des hommes devant Dieu, ou l'égalité de droit de tous les membres de la famille humaine. Et à ce sujet nous remarquerons que cette importante doctrine n'a de valeur historique et philosophique qu'en admettant l'unité de race; sans quoi évidemment une race pourroit être naturellement supérieure aux autres, ainsi qu'Aristote l'a soutenu parmi les anciens. La doctrine chrétienne, selon laquelle, conformément aux antiques traditions, le genre humain provient d'une seule tige, est donc sans contestation la plus favorable à l'humanité, et doit être gardée soigneusement comme la base même de toute justice réciproquement égale et de toute société équitable. A cet égard la science, qui s'est quelquefois trop livrée à la hardiesse de ses conjectures physiologiques, a de grands devoirs à remplir.

Le principe de l'égalité des hommes devant Dieu devoit nécessairement en enfanter un autre qui n'en est que le développement ou plutôt l'application, savoir : l'égalité des hommes entre eux, ou l'égalité sociale ; car s'il existoit, sous ce rapport, une inégalité essentielle et radicale relative au droit, cette inégalité les rendroit primitivement inégaux devant Dieu. L'égalité religieuse tend donc à produire, comme sa conséquence et son complément, l'égalité politique et civile. Or l'égalité politique et civile a pour forme la liberté ; car elle exclut originairement tout pouvoir de l'homme sur l'homme, et oblige dès-lors à concevoir la société temporelle, la cité, sous l'idée d'association libre, dont le but est de garantir les droits de chacun de ses membres, c'est-à-dire encore sa liberté, son indépendance native.

Ces droits garantis par l'association sont de deux ordres : 1° les droits spirituels de la conscience et de la pensée, lesquels ne relèvent que de Dieu considéré soit comme auteur de la loi morale qui unit entre eux tous les êtres intelligens, et à laquelle tous sont obligés d'obéir librement, soit comme source primitive de toute vertu, de toute raison ; 2° les droits secondaires de l'ordre, pour ainsi parler, matériel, relatifs au corps ou à l'organisme, et qui se réduisent, dans leur essence, au droit de conservation de la vie, c'est-à-dire de l'organisme même et des choses extérieures nécessaires à la conservation de l'organisme. Ces choses extérieures constituent ce qu'on appelle propriété.

Il suit de là que l'objet direct de la société véritable, étant la garantie du droit, est par là même de garantir à tous et à chacun de ses membres, dans l'ordre extérieur, la liberté de conscience et de pensée, et, secondairement, la liberté de vivre et d'agir, ou la liberté de la personne et des propriétés.

La liberté de conscience et de pensée, simultanément unie à la reconnoissance d'une loi spirituelle morale, qui seule rend l'homme sociable, précède l'association libre ou l'institution de la cité, et en est l'indispensable condition. Cette loi dès-lors, non plus que la liberté qui y correspond, la liberté civile de conscience et de pensée, ne peut en aucune manière dépendre du pacte social, ni devenir l'objet des délibérations préalables, explicites ou implicites, qu'il suppose ; et par conséquent la loi politique et civile ne pouvant statuer sur ce droit primitif qu'elle ne sauroit ni créer ni détruire, et qu'elle défend seulement contre les attaques qui tendroient de fait à l'altérer, le respecte comme au-dessus d'elle, interdit et punit comme antisociaux certains actes qui y sont contraires, mais ne l'établit point par ses prescriptions.

La liberté personnelle, ou le droit de vivre et d'agir librement, implique l'absence de toute volonté, de tout pouvoir qui imposeroit des bornes arbitraires à cette liberté même, c'est-à-dire implique la coopération de chaque membre de la société à la loi qui régit la société.

L'élément naturel de la société relative à l'organisme humain ou de la cité n'est pas l'individu, mais la famille, parce que l'élément de la société doit se perpétuer comme la société ; parce que l'individu meurt et que la famille est immortelle.

La famille se compose du père qui en est le principe générateur, de la femme qui est le moyen de la génération, et de l'enfant qui en est le terme. Ces trois ensembles constituent l'homme organique complet, l'homme reproduit, perpétué, l'homme qui ne meurt point.

D'où il suit que le mariage, sans lequel nulle famille, est en ce sens la base première de la société.

La propriété en est la seconde base, car sans elle nulle vie possible. Or la vie ne s'arrêtant point dans sa transmission, la propriété non plus ne s'arrête point dans sa transmission : elle est héréditaire comme elle, parce qu'elle est inséparable d'elle. Et puisque l'homme ne peut vivre sans une propriété quelconque, permanente ou transitoire, il ne peut non plus être libre, indépendant de sa personne, si sa propriété est dépendante, s'il n'est pas souverainement maître de son champ, de sa maison, de son industrie, de son travail.

La liberté de la propriété et la propriété même peuvent être attaquées de trois façons : la première en attribuant soit à l'État, soit au chef de l'État, un droit primitif de haut-domaine, qui ne seroit au fond qu'un pouvoir indirect et arbitraire de vie et de mort sur tous ses membres ; la seconde en attribuant soit à l'État, soit à son chef, le droit de prélever à titre d'impôt une partie quelconque des revenus de la propriété, sans le consentement des propriétaires : car ce droit, auquel il seroit impossible d'assigner aucune limite déterminée, impliqueroit celui de s'emparer de la totalité des revenus, ou la confiscation pure et simple ; la troisième est d'attribuer, à quelque degré que ce soit, à l'État, ou à son chef le droit d'administrer les propriétés de ses membres : car le droit pour chacun d'administrer sa propriété est inhérent au droit de propriété, qui sans cela devient purement fictif.

On doit maintenant comprendre comment le mouvement que partout on remarque chez les nations chrétiennes, n'est que l'action sociale du christianisme même, qui tend incessamment à réaliser, dans l'ordre politique et civil, les libertés que contient en germe la maxime fondamentale de l'égalité des hommes devant Dieu, et par conséquent à affranchir pleinement l'homme spirituel de tout contrôle du pouvoir humain, et la propriété de toute dépendance arbitraire du même pouvoir. Or ce but ne peut être atteint que par une organisation sociale dont le double caractère soit l'exclusion de toute contrainte dans l'ordre spirituel, et de toute intervention du gouvernement dans l'administration des propriétés ou des intérêts particuliers, soit individuels, soit collectifs. A cet égard, le gouvernement, simple exécuteur de la loi faite par tous ou par les délégués de tous, veille seulement à ce que nul, dépassant les bornes de son droit, ne blesse le droit ou la liberté d'autrui.

La liberté spirituelle a pour expression la liberté de religion ou de culte, la liberté d'enseignement, la liberté de la presse et la liberté d'association. Lorsque l'une d'elles n'est pas complète, et surtout la dernière, les autres ne sont qu'un vain nom. Ne demandez pas alors sous quelle forme de société vit le peuple ainsi privé de ses droits naturels ; demandez sous quelle tyrannie.

La liberté des personnes et des propriétés a pour fondement l'élection, coordonnée à un système d'administrations libres dans les limites qu'on vient de fixer. Point de liberté possible en effet sans la responsabilité du pouvoir, et point d'hérédité s'il existe une responsabilité véritable. L'une ne peut être réelle que l'autre ne soit fictive, et réciproquement.

Dans l'hypothèse de l'hérédité, on ne sauroit proposer pour remède à ses abus que la maxime supposée admise de l'amissibilité du pouvoir. Mais le pouvoir peut être amissible de deux façons, l'une régulière, l'autre violente; par élection ou par insurrection. Comment hésiter entre ces deux modes? et organiser une société, n'est-ce pas précisément établir un ordre de moyens qui, autant que le peuvent les prévisions humaines, la dispensent de recourir, pour sauver ses droits attaqués, au hasard dangereux de l'insurrection ?

Tels sont les principes qu'instinctivement les peuples cherchent à réaliser et qu'ils réaliseront, sans aucun doute, dans un temps plus ou moins prochain : car un droit connu est un droit conquis.

L'homme ne renonce jamais à ce qui lui est une fois apparu comme juste ; il le voudroit, qu'il ne le pourroit pas : sa nature s'y oppose, et c'est là cette force morale à qui la victoire reste toujours dans ses luttes contre la force matérielle.

Aux doctrines de la liberté comparons maintenant les doctrines de l'absolutisme. Nous puiserons celles-ci dans des documens d'une incontestable authenticité. Les deux premiers sont des catéchismes publiés par l'ordre exprès de l'empereur de Russie et de l'empereur d'Autriche. Le troisième est un écrit semi-officiel qui produisit il y a trois ans une assez vive sensation en Italie, où les gouvernemens prirent soin de le répandre à un grand nombre d'exemplaires. Parlons d'abord des catéchismes.

Sa majesté apostolique enseigne dans le sien, aux petits enfans, que les personnes ainsi que les biens de ses sujets lui appartiennent; qu'elle en est le maître absolu et peut en disposer comme il lui semble bon. Cette doctrine, si elle trouve croyance, a au moins l'avantage de simplifier singulièrement l'administration. L'empereur a-t-il besoin d'argent ou de soldats, il dit à l'un : Donne-moi ta bourse; à l'autre : Donne-moi tes fils. Tout est à lui; tout, sans exception : c'est là son Évangile, la *bonne nouvelle* qu'il veut qu'on annonce à ses peuples au nom de Jésus-Christ. Et de peur apparemment que, par mégarde ou mauvais vouloir, quelque imprudent n'altère la pureté de ces maximes dans la chaire chrétienne ; en certains lieux, à Milan par exemple, des prêtres seront contraints de soumettre leurs sermons, avant de les prononcer, aux lumières supérieures de la police. Il faut que les esprits soient bien corrompus et les cœurs aussi, pour que les Italiens particulièrement ne bénissent pas un pareil régime ! Lorsque les peuples sont si ingrats envers les souverains, qu'attendre sinon les vengeances du ciel et la fin de ce monde coupable ?

On vient de voir que l'empereur d'Autriche a une assez haute idée de lui-même et de ses droits. Ce n'est rien cependant près du czar Nicolas. Chef d'une religion étrangère au catholicisme, il a cru néanmoins, tant le zèle de la vérité le dévore ! devoir s'occuper de l'instruction religieuse de ses sujets catholiques ; et dans un catéchisme imprimé à Wilna et enseigné officiellement dans toutes les églises et toutes les écoles, il leur apprend comment ils doivent *adorer* l'autocrate : il leur explique avec onction le *culte* qu'ils sont en conscience obligés de lui rendre. N'est-il pas en effet pour eux non seulement l'image, mais encore une incarnation réelle de la Divinité ? A genoux donc ! sa volonté est le souverain ordre, son commandement la loi ! Biens, vie, l'on doit tout prodiguer, tout sacrifier au premier signe du Tartare-dieu : on doit le chérir du fond du cœur, lui obéir, quoi qu'il ordonne, et jamais ne se permettre une plainte, même secrète, à l'exemple de Jésus-Christ *qui se soumit sans murmurer au jugement de mort prononcé contre lui par l'autorité légitime !* La plume tombe des mains. Il étoit réservé à cet homme de reculer les bornes du blasphème !

Ce qui rend surtout remarquable l'écrit dont il nous reste à parler (1), c'est que, sous des formes tantôt grossièrement burlesques, tantôt naïvement atroces, il résume, avec une fidélité et une franchise que l'on chercheroit vainement ailleurs, le système entier de l'absolutisme. Ici, point de réticences, point d'hypocrisies, tout est à nu. On diroit un candide procès-verbal du conseil du pandæmonium. L'auteur, en plus d'un endroit, paroît même s'indigner qu'une politique timide juge quelquefois à propos de voiler, modifier, affoiblir, par des considérations de pru-dence, les doctrines qui au fond forment sa règle invariable. Pour nous, qui aimons par-dessus tout un langage net, exempt de fausseté, d'ambages et d'équivoques; loin de blâmer le fougueux défenseur du despotisme de son mépris pour ces cauteleux et pusillanimes ménagemens, nous lui savons gré, au contraire, de la sincérité brutale de ses convictions et de ses paroles. Le mot que d'autres retiennent sur leurs lèvres, il le profère à haute et intelligible voix. Cela vaut mieux.

Nous passerons assez rapidement sur les premiers *dialogues* pour arriver plus tôt à la conclusion où l'auteur expose l'ensemble des moyens qu'à son avis les princes doivent employer indispensablement, s'ils veulent raffermir leurs trônes ébranlés. C'est la partie la plus curieuse et la plus importante du livre. Tou-tefois, pour qu'on ait une idée exacte des projets, des vœux, des sentimens et des maximes de ceux dont il

---

(1) *Dialoghetti sulle materie correnti nell' anno* 1831.

est comme le manifeste, il est bon de citer quelques passages d'un dialogue entre l'*Europe*, la *Justice*, la *France* et la *Restauration*. L'auteur y établit sa théorie du pouvoir; elle est courte. Dieu a donné les peuples aux rois, ils leur appartiennent comme votre troupeau vous appartient; ils sont leur propriété, leur patrimoine : voilà tout. De conditions, de pactes, de chartes, il n'y faut pas songer, cela est par trop clair.

L'EUROPE. — Qui vous a réduite à un si misérable état?

LA RESTAURATION. — La Charte.

L'EUROPE. — Qu'est-ce que cette Charte qui fait tant de bruit?

LA RESTAURATION. — On prétend que c'est un contrat entre le peuple et le roi.

L'EUROPE. — Un contrat entre le peuple et le roi! Par le char du bouvier! peut-on rien imaginer de pis? La France est peut-être une boutique à louer, ou le roi de France un cocher qu'on prend à son service à tant par mois!

LA FRANCE. — Bonne maman, comment les rois pourroient-ils régner sans pactes?

L'EUROPE. — Comme ils ont toujours fait avant qu'on songeât à ces sottises de chartes. Ma fille, l'autorité des rois ne vient point des peuples; elle vient directement de Dieu, qui ayant fait les hommes pour vivre en société, a rendu nécessaire un chef qui les gouverne, et en conséquence a ordonné que les peuples obéissent aux rois. Le roi doit procurer le

bien du peuple ; le peuple doit obéir à tous les commandemens du roi. Et c'est là la grande charte écrite
de la main de Dieu et imprimée par la nature.

LA FRANCE. — Maman trois fois chère, et si le
roi vouloit le mal du peuple ; comment feroit-on
sans une charte?

L'EUROPE. — Ma fille, les rois ne veulent jamais
et ne peuvent vouloir le mal du peuple ; parce que le
peuple est la famille et le *patrimoine du roi*, et personne ne veut le dommage de sa propre famille et la
ruine de son patrimoine. —

Cependant, bonne ou mauvaise, la France avoit
une charte, une charte jurée. Oui, mais qui malgré
ses sermens n'obligeoit nullement le prince ; et que
l'Europe armée auroit dû détruire, en démembrant la
France pour plus de sûreté. Écoutez bien.

L'EUROPE. — Le roi Louis XVIII l'avoit peut-
être accordée spontanément.

LA RESTAURATION. — Vous pouvez vous figurer
si le pauvre brave homme étoit satisfait de revenir
chez lui pieds et mains liés, culottes bas, de sorte que
chacun se pût divertir à lui donner des claques. Ils
la lui ont fourrée dans le gosier, et il lui a fallu l'a-
valer de force. La Charte ou rien.

L'EUROPE. — Quel motif a donc induit mes bons
fils à commettre cette énorme faute? n'ont-ils donc
point considéré que la cause d'un roi est la cause de
tous les rois ; et que si on laisse croître les ongles d'un
peuple, les ongles de tous les autres croissent aussi?

LA RESTAURATION. — C'est tout juste ce que disoient l'Expérience et la Sagesse, mais la Politique n'a pas permis qu'on les écoutât.

L'Europe. — Et quelles raisons alléguoit cette *crache-sentences ?*

La Restauration. — Qu'il faut adoucir les bêtes féroces, ne les point irriter, et qu'on ne peut soumettre la France par la force.

L'Europe. — A merveille, vraiment ! Ils ont combattu vingt-cinq ans, et à présent qu'ils lui tiennent sur le corps un million de baïonnettes allemandes et russes, et que la route est ouverte pour en amener trois fois autant, ils hésitent à la dompter de force.

La France. — Diable ! maman, la force envers la France ?

L'Europe. — Oui, madame, la force. Rend-on le jugement aux fous et aux mauvais sujets autrement qu'à coups de bâton ?

La France. — Dans les quatre parties du monde il n'y auroit pas assez de force pour tenir asservie la grande nation.

L'Europe. — Eh bien ! qu'on en eût fait une petite nation, et tout étoit fini.

La France. — Quoi ! un démembrement ?

L'Europe. — Certainement, un démembrement... un bon coup de ciseau à ses frontières (*una buona-tosata ai confini*); un morceau à l'Angleterre, un autre à l'Espagne, un à l'Autriche, à la Prusse, à la Hollande, à la Bavière, au Piémont, avec quelques échanges pour maintenir l'équilibre et pour satisfaire la Suisse et la Russie, tout étoit accommodé : et vous, ma belle

dame, vous seriez demeurée avec l'ours du monta-
gnard en laisse ; et la grande nation, devenue une petite nation, auroit cessé de troubler, pendant deux
ou trois siècles, la tranquillité du monde.

La France. — Ah! maman, vous êtes bien cruelle.

La Restauration. — Pardonnez-moi, madame
l'Europe, mais briser le trône de saint Louis, dis-
perser l'héritage des Bourbons...

L'Europe. — Ma chère dame, quand les fils de
saint Louis vivent comme les fils des scélérats, il
faut les châtier, comme Dieu châtia les anges pré-
varicateurs ; et quant à vos bons et dignes Bourbons, ils auroient été satisfaits de régner tranquilles
sur une petite France... plutôt que d'être poignardés
et décapités dans une France plus grande (1). —

Ces aveux sont précieux en ce qu'ils montrent à
ceux qui se feroient encore illusion sur ce point quel
seroit le sort de la France vaincue par une nouvelle
coalition. Il n'y a pas à s'y tromper, on feroit d'elle
une seconde Pologne. Que chacun donc se demande
si c'est là ce qu'il souhaite à sa patrie. Honte au traître
ou au lâche qui, la voyant menacée, auroit dans ses
veines une goutte de sang qui ne fût pas pour elle!

Vient ensuite, à propos de l'insurrection de la
grèce, une solennelle apologie de la légitimité du
Grand-Turc. En vain la *Liberté* soutient-elle que
« les Grecs avoient raison de se soulever, au moins
à cause de la religion, puisqu'on ne sauroit supporter
qu'un peuple chrétien soit esclave des musulmans ; »

____

(1) Pages 11-14.

le *Jugement* lui répond : « Il vous sied bien de faire la bigote et de parler de religion ! Quoi qu'il en soit, le christianisme commande la fidélité et l'obéissance, condamne toujours la révolte, et l'Évangile des chrétiens veut qu'on rende à César ce qui appartient à César. Le césar des Grecs est le grand-Turc, et en se révoltant contre leur prince ils ont violé la loi chrétienne (1). »

Le dernier dialogue, composé de neuf scènes, est intitulé *le Voyage de Polichinelle*. Polichinelle, persuadé par le Docteur, part de Naples avec lui, après la révolution de juillet, pour venir jouir en France des douceurs de la liberté. On se doute bien de ce qu'ils y trouvent, et nous savons encore mieux ce qu'ils y auroient trouvé trois ans plus tard. L'auteur est à l'aise dans ce sujet ; et si l'ironie est amère, elle est juste ici : elle est juste, car lorsqu'un peuple se résigne à souffrir certaines indignités, lorsque, après avoir tout risqué, bravé tout pour s'affranchir, il passe le lendemain la tête dans le joug, se décore de ses fers comme d'un emblème de l'ordre, s'agenouille devant un gouvernement de police, se laisse bâter, brider, bâtonner ; ce peuple mérite d'être la risée des autres nations, et il n'est point de moquerie si méprisante, de sarcasmes si aigus, que le dernier des esclaves et le plus lâche n'ait le droit de lui adresser.

Enfin, dégoûtés de ce qu'ils voient, et l'on seroit dégoûté à moins, le Docteur et Polichinelle concluent qu'ils n'ont rien de mieux à faire que de retourner

____

(1) Page 9.

au plus vite chez eux. Ils rencontrent en route une vieille femme : le Docteur lui demande qui elle est. « Je suis, répond-elle, l'*Expérience*, et j'ai toujours voulu du bien aux rois absolus et légitimes, parce que j'ai vu qu'on vit mal sans eux, et que ces ordures de chartes constitutionnelles ne servent qu'à mettre le feu à la maison et à la salir. Et précisément parce que je leur veux du bien, je leur écris quatre mots : car, entre nous, ils sont un peu hors de leur chemin ; et s'ils n'écoutent point les conseils de l'Expérience, ils s'en iront faire compagnie à Charles X. Portez-leur donc cette lettre. »

Le Docteur. — Devons-nous la porter à tous les rois de l'Europe?

L'Expérience.—Il se peut que deux ou trois n'en aient pas besoin; mais remettez-la cependant à tous, elle ne fera de mal à aucun.

Le Docteur.—Écoutez, bonne vieille, nous vous rendrons volontiers ce service, mais il ne faut pas en user trop librement avec les rois. Vous êtes une femme résolue : qui sait ce que vous avez écrit? Vous ne voudriez pas que vos messagers eussent à pâtir de leur message.

L'Expérience.—N'appréhendez aucune indiscrétion; mais, pour mieux vous rassurer, lisez ma lettre, j'y consens.

Le Docteur.—Lisons donc, et puis nous ferons ce que vous désirez de nous.

« L'Expérience aux rois de la terre.

» Princes, que faites-vous ? Le monde se précipite, le feu brûle sous vos trônes, la gangrène corrompt toute la masse sociale, et vous vous battez les flancs, et vous vous contentez d'appliquer quelques insignifians topiques sur les profondes plaies de la société, et vous n'avez recours à aucun moyen sévère et efficace! Secouez cette mortelle léthargie ; songez que les libéraux ne raillent point, qu'ils entendent bien vous rayer entièrement de l'almanach, et souvenez-vous qu'à votre cause est liée celles des peuples, qui, selon les décrets de la Providence, doivent être guidés, défendus et sauvés par les rois. Consultez la vérité, suivez les impulsions de votre cœur, et ne vous laissez point séduire par les grimaces perfides de cette prostituée de Politique. Enfin, lisez les leçons de l'histoire ; et pour ramener dans la droite voie une génération égarée, employez les remèdes que vous enseigne l'Expérience. »

Polichinelle.—Jusqu'ici il n'y a rien à dire, et les rois ne sauroient se fâcher.

L'Expérience. — Comment a-t-il pu jamais vous passer par l'esprit que je voulusse offenser les rois? Je leur parle avec confiance, parce que je suis leur maîtresse, et parce qu'ils agréent, eux aussi, lorsqu'on le leur adresse en secret, un langage cordial et sincère. Du reste, l'Expérience enseigne à respecter ceux que Dieu a placés à la tête des nations ; parce que là où finit le respect pour le roi, commence la ruine du peuple. Continuez de lire la lettre.

Le Docteur.— « Quand on voit de mauvaises actions, la première chose est d'élever la voix et de crier contre les malfaiteurs. Élevez donc la voix du haut de vos trônes, avertissez, reprenez, menacez, et ne vous contentez point de quelque misérable petit édit donné de temps en temps et tout emmiellé de paroles doucereuses; mais parlez en roi qui a le droit de commander et de se faire obéir. En outre, encouragez les bons; et faites qu'eux aussi parlent et élèvent la voix contre les méchans. Le monde est rempli de petits livres, de journaux, de feuilles qui répandent la contagion : faites qu'on le remplisse d'écrits salutaires qui soient un antidote contre la corruption des esprits. Employez les armes de vos ennemis; si les rebelles font rire aux dépens de la fidélité, que les bons fassent rire aux dépens de la révolution. Si le poison se vend à bas prix par la propagande, que la souveraineté fournisse gratuitement le contre-poison. Aujourd'hui le genre humain veut lire, et une feuille de papier écrite judicieusement a plus de force qu'un bataillon de grenadiers. Les hommes d'esprit et de cœur, capables de vous aider dans cette guerre, ne manquent point; mais il faut les chercher, les encourager, les récompenser quelquefois. Qui est celui de vous qui ait dépensé en faveur des écrivains défenseurs des trônes le quart de ce qu'il paie aux professeurs des universités avec la certitude qu'ils poussent la jeunesse au renversement des trônes? Croyez-moi, princes, parlez et faites parler, et soyez certains que chaque voix trouvera la route d'un cœur. »

POLICHINELLE. — Savez-vous que vous dites fort bien? Ces messieurs les libéraux arrangent nos têtes à leur façon, parce qu'ils parlent quasi seuls ; mais si l'on montroit aux pauvres gens la chemise du libéralisme dans toute sa saleté, les cervelles humaines ne seroient plus le jouet des fabricateurs de glorieuses journées. Si nous avions lu plus tôt le journal de Modène intitulé *la Voix de la Vérité*, nous ne nous serions pas ennuyés de notre roi, et nous n'aurions point couru après cette folie de la souveraineté du peuple.

L'EXPÉRIENCE. — Mes enfans, le duc de Modène, quoique ses États tiennent peu de place sur la carte, a fait une œuvre grande en établissant ce journal. Il a prouvé qu'il possède un cœur vraiment royal, il a bien mérité de la société entière, et soyez certains qu'à l'heure qu'il est la feuille modénoise a opéré nombre de conversions : mais revenez à ma lettre.

LE DOCTEUR. — « Lorsque pour contenir des méchans il ne suffit pas d'élever la voix, il faut lever la main et punir; mais les châtimens doivent être et certains et sévères. Ceux qui méditoient le bouleversement du monde ont pris leurs mesures de loin ; ils ont préparé l'impunité pour eux et pour les leurs *en prêchant l'humanité et la modération des peines*. Depuis un certain temps, vous vous êtes laissé séduire par ces *chansons ;* et afin d'être doux et clémens, vous avez cessé d'être justes. Ainsi la voie a été ouverte à toutes les iniquités, la certitude du pardon a rompu le frein de la crainte ; et pour chaque félon absous, cent sujets fidèles sont devenus félons. Retournez sur les traces antiques ; et si vous voulez que votre justice ait peu à condamner, faites qu'elle condamne inexorablement. L'épreuve de la tolérance a été faite, elle n'a produit que du mal ; *venez-en à l'épreuve du sang,* et vous verrez que se déclarer rebelle ne sera plus la mode du jour. Commencez par les petits délits, lesquels conduisent aux grands, et *que les punitions de votre justice soient sévères et terribles.* Les âmes féroces des scélérats ne s'effraient point des peines enfantines conseillées par une niaise philosophie. Dieu, qui est le père des miséricordes, a créé un enfer pour punir le péché, et *la création de l'enfer sert merveilleusement à peupler le ciel.* Épargnez le sang innocent, en vous persuadant bien QUE LE MEILLEUR PRINCE EST CELUI QUI A LE BOURREAU POUR PREMIER MINISTRE. Maintenez ce code en vigueur, et vous verrez que les chemins de votre royaume seront aussi sûrs que les casernes des soldats ; que votre trésor ne devra plus entretenir dans les prisons un peuple de criminels, et que les scélérats ne songeront plus à renverser votre trône. »

LE DOCTEUR. — Il me semble, ma bonne petite vieille, que vous êtes en ceci un peu sévère.

· POLICHINELLE. — Au contraire il me semble à moi qu'elle parle très bien, et que sur cela les lazzaroni en savent plus que les docteurs. Quand on usoit de la corde et de la potence, on trembloit au nom de la justice ; et on retenoit ses mains, de peur de la prison : mais à présent les procès font rire, parce qu'on sait que tout finit par des bagatelles. Pour les grands crimes la grâce est presque sûre ; et pour les délits moindres *un peu de prison , un peu de travaux forcés , voilà tout.* Personne ne craint ces peines, « parce que nous » autres pauvres gens nous sommes mieux en prison » que chez nous, et qu'un condamné aux travaux ga» gne le double d'un ouvrier et fatigue moitié moins. »

L'Expérience. — Mes enfans, croyez aux paroles de l'Expérience ; et assurez-vous que le monde est devenu plus mauvais, depuis qu'on ne punit plus sévèrement les méchans. Si les rois refusent de le croire, qu'ils compulsent les registres de leurs greffes criminels : en comparant ceux des temps appelés barbares avec ceux des temps présens, ils pourront apprendre « lequel vaut le mieux pour la morale publique, de » l'humanité philosophique, ou de la potence et de la » corde. » Continuez de lire cependant.

Le Docteur. — « Un bon père doit éloigner de ses enfans les compagnons pervers, afin que ceux-ci ne les gâtent point par leurs mauvais discours ; et aussi le prince sage doit empêcher qu'on ne corrompe ses sujets fidèles, et que ceux qui déjà sont corrompus deviennent pires par la lecture des écrits nuisibles et séditieux. Je sais que vous reconnoissez maintenant les désastres produits par la presse, mais on ne voit cependant pas que vous y opposiez une digue solide et suffisante. On veut guérir les empoisonnés, et on laisse au poison un libre cours. Mettez la politique d'accord avec la religion, et que l'une et l'autre veillent jour et nuit et soient inexorables envers la peste imprimée qui se propage sous toutes les formes. Sur toutes choses, gardez-vous de cette peste légère qui passe de main en main; et pour un certain temps au moins, « ban- » nissez de vos États presque tous les journaux et ga- » zettes étrangères. » La plupart de ces feuilles sont vendues au parti de la révolte, ou le flattent tout au moins, afin d'obtenir plus de débit, et il n'est pas une seule de ces gazettes qui n'introduise quelque once de poison. « En fait de révolution, même les simples ré- » cits offrent du danger lorsqu'ils ne sont pas modi- » fiés par la prudence. » Les esprits sont, comme les corps, sujets à la contagion, et l'histoire des scandales est toujours vénéneuse. Détournez les regards de vos sujets de certaines scènes, et *persuadez-vous bien que personne n'éprouve l'envie d'imiter ce qu'il ignore.* »

POLICHINELLE.— Que feroient les oisifs, s'ils n'a- voient plus de gazettes?

L'EXPÉRIENCE. — Que faisoient-ils il y a cent cin- quante ans, lorsqu'il n'existoit pas de gazettes?

LE DOCTEUR.—Il me semble, ma chère dame, que vous être encore trop sévère en cela.

L'EXPÉRIENCE. — Mes amis, quand les enfans sont malades il faut les tenir à la diète; il vaut mieux les laisser pleurer que de les faire mourir d'indigestion. Tant que durera le choléra de la révolte, la diète de la presse doit être rigoureuse; et « l'on ne doit absolu- » ment permettre d'autres feuilles que celles qui ser- » vent ouvertement le parti de la justice. » Je vou- drois dans chaque État une bonne gazette nationale, un bon journal littéraire, dans lesquels, *avec la pru-*

dence requise, on publieroit les nouvelles des pays étrangers et on rendroit compte de leur littérature.

Le Docteur. — Ainsi, vous voudriez faire des journaux mêmes un monopole royal?

L'Expérience.—Si, pour l'avantage des finances, on a établi le monopole du sel et le monopole du tabac, combien plus devroit-on établir le monopole de la presse, pour l'avantage de la religion, de la politique et de la bonne morale! Continuez de lire ma lettre.

Le Docteur. — « En outre, qui veut que ses enfans restent tranquilles doit leur laisser leurs amusemens qui les retiendront dans leurs chambres et les empêcheront de mettre tout sens dessus dessous dans la maison. Ainsi on doit laisser aux peuples l'occupation et le désennui de leurs affaires domestiques et municipales, de peur qu'oisifs chez eux ils n'en sortent pour troubler les affaires de la nation. En cela, princes, vous avez commis une erreur très grande, et pas un de vos hommes d'État ne s'aperçoit encore que le bouleversement du monde provient de cette faute en majeure partie; par un zèle malentendu de la souveraineté, vous avez enlevé à vos sujets tous leurs priviléges, tous leurs droits, toutes leurs franchises, toutes leurs libertés, et concentré dans le gouvernement tous les fils du pouvoir, tout mouvement, tout souffle de vie. Par là vous avez rendu les hommes étrangers dans leur propre pays : simples habitans de leurs villes, ils n'en sont plus citoyens; et de l'abolition de l'esprit communal est né l'esprit national, lequel a agrandi dans des proportions gigantesques l'orgueil et les vœux des peuples. Par la destruction des intérêts privés de tous les municipes, vous avez formé de toutes les volontés une seule masse, laquelle doit se mouvoir suivant une seule tendance, et maintenant vous vous trouvez impuissans à arrêter le mouvement de cette masse énorme et terrible. *Divide et impera.* Vous avez mis en oubli cette maxime gravée sur la base des trônes ; vous avez prétendu diriger le monde avec une seule rêne, et cette rêne s'est rompue dans vos mains. *Divide et impera.* Divisez les uns des autres les peuples, les provinces, les villes (1), laissant à chacun ses intérêts, ses statuts, ses priviléges, ses droits et ses franchises. « Faites que les citadins » se persuadent être quelque chose chez eux ; per- » mettez que le peuple se divertisse aux jeux inno- » cens des manéges, des ambitions et des brigues » municipales, » ressuscitez l'esprit local par l'émancipation des communes, et le fantôme de l'esprit national cessera d'être le démon qui enivre toutes les têtes. Chers princes, écoutez-moi. « Si vous voyiez » tous les chevaux refuser soudain de porter la somme et » de traîner la charrette ; si tous les bœufs ne vouloient » plus souffrir le joug et labourer la terre, vous obs- » tineriez-vous à croire que la nature de ces bêtes est » changée, » et ne chercheriez-vous pas plutôt la cause de leur indocilité dans le désordre des harnois et l'impéritie des conducteurs? Et aujourd'hui, que tous

---

(1) Dividete popolo da popolo, provincia da provincia, città da città.

les peuples se révoltent contre le frein des rois, pourquoi vous obstineriez-vous à supposer que la nature des hommes a changé, au lieu de reconnoître quelques défauts dans la manière de gouverner ? Pesez bien ces paroles, tournez vos regards sur le passé ; et si vous voulez que les générations présentes soient dociles comme les anciennes, gouvernez-les comme vos pères gouvernoient les anciennes. »

POLICHINELLE. — Tout cela peut être fort beau, mais je n'y comprends rien.

L'EXPÉRIENCE. — Je sais bien que certains discours ne sont pas entendus du vulgaire, et toutes les classes ont leur vulgaire. Ma lettre n'est pas adressée à la populace, mais aux rois. Poursuivez et ne perdez pas le temps.

LE DOCTEUR. — « Une cause principale du bouleversement du monde est la trop grande diffusion des lettres et cette démangeaison de la littérature qui a pénétré jusque dans les os des poissonniers et des palefreniers. Il faut sans doute dans le monde des lettres et des savans, mais il faut aussi des cordonniers, des tailleurs, des forgerons, des laboureurs et des artisans de toutes sortes ; il y faut une grande masse de gens bons et tranquilles, qui se contentent de vivre sur la foi d'autrui, et trouvent bon que le monde soit guidé par les lumières des autres, sans prétendre le guider par les leurs propres. « Pour tous ces gens-ci la » lecture est dangereuse, parce qu'elle stimule des » intelligences que la nature a destinées à se remuer » dans une sphère étroite, fait naître des doutes que

» la médiocrité de leurs connoissances ne leur permet
» pas de résoudre; accoutume aux plaisirs de l'esprit,
» lesquels rendent insupportable le travail monotone
» et ennuyeux du corps; éveille des désirs dispropor-
» tionnés à la bassesse de la condition; et en rendant
» le peuple mécontent de son sort, le dispose à tenter
» de s'en procurer un autre. » C'est pourquoi, au
lieu de favoriser démesurément l'instruction et la
civilisation (*civilità*), vous devez avec prudence y
imposer des bornes, « considérant que s'il se trouvoit
» un maître qui pût, en une seule leçon, rendre tous
» les hommes aussi savans qu'Aristote et aussi polis
» que le grand-chambellan du roi de France, il fau-
» droit sur-le-champ assommer ce maître, afin que la
» société ne fût pas détruite. Réservez les livres et les
» études aux classes distinguées et à quelque génie
» extraordinaire qui se sera fait jour à travers l'obs-
» curité de sa condition, et faites en sorte que le
» cordonnier se contente de son alène, le paysan de
» son hoyau, sans aller se gâter le cœur et la tête à
» l'école de l'alphabet. Par suite d'une diffusion mal-
» entendue et disproportionnée de la culture, une
» race innombrable de manans et de gagne-deniers
» ont porté le trouble dans la société, en voulant, au
» mépris de la nature, s'associer aux classes élevées, »
et vous êtes contraint d'enlever la peau à la moitié
de votre peuple pour en faire des culottes à l'autre
moitié, qui, née pour gagner son pain avec la bêche
et la cognée, demande des emplois et des pensions et
prétend tirer de sa plume de quoi vivre et bien vivre.

Tous ces petits sages sans aucune base solide d'étude et de jugement, tous ces petits seigneurs sans patrimoine suffisant pour faire bouillir la marmite, portent naturellement dans le cœur le mécontentement et l'envie, et sont des matières toujours prêtes à s'enflammer au souffle de la révolution. L'imprévoyante propagation des lettres a rassemblé cette masse dangereuse de combustibles ; et par une adroite et discrète diminution de la culture, vous devez abaisser les flammes de la soi-disant philosophie et écarter la mine de vos trônes. »

Polichinelle. — Je ne suis qu'un pauvre lazzarone, mais je comprends que vous dites bien. Si Mme Polichinelle, ma mère, n'avoit pas fait la polichinellerie de m'envoyer à l'école, je serois, un peu plus, un peu moins, un âne comme je le suis maintenant ; mais j'aurois appris un métier, je me trouverois heureux d'être Polichinelle, et je pourrois me tirer d'affaire honorablement. Justement parce qu'ils m'ont appris à écrire, je me suis rempli la tête d'un monde de sottises, *je ne sais plus me contenter d'une paillasse et de la polenta*, et je suis venu chercher fortune dans le pays de la constipation (constitution).

L'Expérience.—Mes amis, tout n'est pas fait pour tous. Si tous les animaux étoient des éléphants, on ne trouveroit plus ni ânes ni poules. Les armes dans les mains des soldats servent à la défense et à la sûreté de l'État ; mettez-les dans les mains du peuple, qu'en advient-il? des insultes, des rixes, des meurtres. Terminez la lecture.

Le Docteur. — « Surtout si vous voulez assurer le repos de vos peuples, raffermir vos trônes, et remédier aux désordres du monde, ramenez le respect pour la religion, qui, méprisée et repoussée de tous, ne trouve aujourd'hui aucun asile sûr, pas même dans les temples. Les ministres des autels sont devenus la balayure du peuple, et leur nom même sert vulgairement à désigner toutes les folies et toutes les turpitudes (1)... Cette haine et ce mépris de la religion sont l'œuvre de la révolution alliée à l'impiété, et vous savez que les coups portés à la religion ont ébranlé vos trônes et les menacent de ruine. Qu'avez-vous fait cependant pour rétablir dans le cœur des peuples cette protectrice des trônes? et où est le roi dont le zèle se soit enflammé pour la cause de Dieu? Vous êtes, princes, religieux et bons; mais est-ce la religion et la bonté des rois qui gouvernent toujours les États? n'arrive-t-il jamais que la religion commande dans le cœur des rois, et serve les intérêts et la politique dans les cabinets? Posez la main sur la poitrine, jetez les yeux sur les annales de vos empires, et répondez-moi sincèrement. Quel est celui de vos royaumes où l'on ne puisse recueillir un volume d'édits et d'ordonnances royales opposés aux canons de l'Église? quel est celui de vos palais où il ne se trouve point quelque salle ornée des dépouilles

____

(1) *E le azzioni pazze e degne di scherno si chiamano volgarmente fratate.*

du sanctuaire? quel est celui de vos gouvernemens qui n'ait point fait verser quelque larme au pasteur du Vatican? Tandis que la religion frappée par les rois tremblera devant leur trône, comment pourra-t-elle recouvrer son autorité sur le cœur des peuples? et tandis que les peuples ne respecteront point le frein de la religion, comment pourront-ils se soumettre à l'empire des rois? Princes, comprenez, pesez, espérez, alliez-vous de bonne foi avec le sacerdoce; et sans vous placer sous ses pieds, cédez-lui la main : parce que si vous êtes les premiers-nés dans l'Église, vous êtes aussi les enfans de l'Église. D'accord avec cette mère sage, discrète et pieuse, employez la voix, l'exemple, l'adresse, la clémence et la rigueur, pour remédier aux plaies de la religion. Relevez les pierres de l'autel, et la solidité de l'autel sera l'affermissement de vos trônes. »

POLICHINELLE. — La lettre est un peu longuette, mais il n'y a pas de mal à cela.

LE DOCTEUR. — Elle est écrite avec beaucoup de liberté.

L'EXPÉRIENCE. — Mes amis, toute la vérité ou rien ; si l'on veut que les peuples écoutent la réprimande, il faut leur persuader que la vérité ne fait exception de personne, et qu'elle parle franchement même aux rois. Autrement ils croiront que la plume qui écrit est vendue, et les paroles de la vérité ne feront aucune impression.

LE DOCTEUR. — Comment ferons-nous pour présenter cette lettre à tous les rois de l'Europe?

L'Expérience. — Si vous voulez épargner le voyage, faites-la imprimer.

Le Docteur. — Diable! qui donnera la permission de la publier?

Polichinelle. — Et pourquoi non? il se trouve de viles et sales presses pour publier toutes sortes d'iniquités, et il ne se trouveroit pas une presse noble et généreuse pour publier les paroles de l'Expérience et de la Vérité, écrites dans le seul but de soutenir la cause des rois et d'aider à rétablir l'ordre dans le monde!

L'Expérience. — Si vous ne parvenez pas à l'imprimer ouvertement, faites-la imprimer en secret.

Le Docteur. — Seroit-ce bien de publier un écrit sans la permission des supérieurs?

L'Expérience. — Vous avez raison, ce ne seroit pas agir en honnête homme. « Mais montrez-la en » particulier (*a quattr' occhi*) à un supérieur éclairé et » sage; vous verrez que par des considérations de » prudence on n'y mettra pas l'imprimatur, mais » on sera bien aise que vous la fassiez imprimer secrè- » tement. »

Le Docteur. — Eh bien! nous irons et ferons comme vous dites.

Ce qu'on vient de lire n'est donc que l'exposition exacte et franche de la pensée *secrète* de ceux qui gouvernent aujourd'hui le monde : et que font-ils en effet partout qui n'y soit entièrement conforme? Ainsi, l'on sait quel est leur but et comment ils espèrent l'atteindre. Ce qui nous frappe surtout dans cette théorie du despotisme, c'est ce qu'elle a de profondément vrai. Essayez de la modifier en quelque point, et tout le système s'écroule. Les conseils en apparence les plus exagérés, les plus atroces maximes sont des conséquences rigoureuses du principe dont on veut assurer le triomphe. Nul moyen de les atténuer. La logique inflexible des choses, l'invincible nécessité, mènent jusque-là ; et lorsque je vois les princes ou leurs agens mettre partout en pratique ces exécrables iniquités, j'accuse moins encore les hommes que les doctrines qui dominent les hommes. Esclaves de leur propre tyrannie, elle les contraint à abjurer tout sentiment de justice, de piété, d'amour fraternel ; à se dépouiller de la forme humaine pour revêtir celle de je ne sais quel fantôme infernal. Marqués au front d'un signe effroyable, Dieu a voulu que leur seul aspect épouvantât la terre ; afin que l'horreur qu'ils inspirent fût dès ici-bas le commencement de leur supplice.

Et considérez un peu le système qu'on vous présente comme le plus parfait modèle d'organisation sociale. Au sommet le prince dont la volonté absolue peut tout, à côté de lui le bourreau. Tout ce qui vient après, hommes et biens, est son *patrimoine*. Mais y aura-t-il au moins égalité de servitude, égalité de misère ? Non. Au – dessous du prince deux races distinctes, éternellement séparées. A l'une les propriétés, l'instruction, les lumières ; à l'autre le travail et l'ignorance, *la paillasse et la polenta*, la privation entière et perpétuelle des *plaisirs dangereux de l'esprit,* une misère sans fin, un irrévocable abrutissement. Celle-ci, on la compare, et justement, aux bêtes de somme : *la nature l'a faite cela,* qu'elle reste cela. Mais les bêtes de somme ont la nourriture en abondance, de la paille fraîche pour reposer dessus. La plèbe n'en mérite pas tant. Dans la société que l'on confie à la garde du bourreau, *le forçat est plus heureux que l'ouvrier, la prison est plus douce que le foyer domestique.* C'est, il est vrai, une anomalie : mais que doit-on faire pour qu'elle disparoisse? améliorer le sort de l'ouvrier? laisser pénétrer quelques jouissances sous le toit de chaume du pauvre? Que dites-vous donc? ce sont là des *niaiseries philosophiques.* Ce qu'on doit faire : consultez l'*Expérience;* elle vous dira que pour remettre toutes choses en ordre, pour ramener la félicité monarchique des anciens temps, il faut augmenter l'horreur des prisons et les tortures du forçat : il faut créer un enfer sur la terre.

Nous ne pensons pas qu'un pareil système soit destiné désormais à prévaloir dans le monde, et qu'il étouffe au fond des cœurs les doctrines de la liberté. Vous aurez beau abuser de la force, emprisonner, tourmenter, tuer; ni les gourdins de vos assommeurs, ni les fers de vos geoles, ni le plomb de vos mousquets, n'atteindront les lois éternelles de Dieu et de l'humanité. Vous direz et ferez dire qu'en luttant contre votre despotisme, en réclamant l'affranchissement politique et civil du peuple, en s'occupant d'adoucir ses maux, de soulager ses inexprimables souffrances, d'élever sa condition sociale, on ébranle la base de toute société, on provoque au désordre, on viole les préceptes chrétiens ; il est trop tard, ces moyens sont usés maintenant. On vous demandera ce que c'est donc pour vous que la société, l'ordre, le christianisme. On vous demandera de montrer l'acte de cession que Dieu et le Christ vous ont fait du genre humain. On vous demandera enfin d'expliquer vos propres paroles : car votre langage, nous nous en souvenons, n'a pas été toujours le même ; il a varié avec vos intérêts.

Au commencement de la guerre de Russie, en 1812, il y eut des deux côtés des proclamations. Alexandre terminoit la sienne par ces mots : « Guer- » riers ! vous défendez la religion, la patrie et la li- » berté ! » Dans une proclamation postérieure, appe- lant aux armes la nation entière, il disoit : « Partout » où dans cet empire il portera ses pas, il sera as- » suré de trouver nos sujets natifs riant de sa four- » berie, dédaignant sa flatterie et ses mensonges, » foulant aux pieds son or avec l'indignation de la » vertu offensée, et paralysant, par le sentiment du » véritable honneur, *ses légions d'esclaves.* » Un peu plus tard les princes d'Allemagne adressoient à leurs sujets des paroles semblables. Faisant de la liberté leur cri de guerre, promettant des institutions qui seroient une garantie contre le despotisme, ils exal- tèrent au plus haut degré le sentiment patriotique et l'énergie nationale. Dans ce temps-là, les souve- rains ayant besoin des peuples, parloient le langage des peuples. Maîtres aujourd'hui, et plus absolus que jamais, après avoir trahi leurs promesses ils maudissent, ils exécrent cette liberté au nom de laquelle ils soulevèrent d'immenses populations confiantes en leur sincérité ; et nul crime plus grand, plus irrémissible à leurs yeux, que de répéter ce qu'ils disoient alors. Cependant le vrai et le faux, le bien et le mal ne changent pas ainsi de nature, selon l'intérêt et la position de ceux qui gouvernent les hommes. Ou donc, à l'époque dont nous parlons, les souverains firent près de leurs peuples l'office de tentateurs, de révolutionnaires impies, ou ils font aujourd'hui le métier de tyrans.

HISTOIRE

DES ANCIENS

PEUPLES ITALIENS.

HISTOIRE

DES ANCIENS

PEUPLES ITALIENS.

(STORIA DEGLI ANTICHI POPOLI ITALIANI,
DI GIUSEPPE MICALI.) (1)

LES études historiques commencèrent il y a deux siècles à prendre en Europe une remarquable activité. A partir de cette époque on voit se développer une longue série de travaux qui ne furent jamais depuis interrompus un seul moment, bien que la direction n'en ait pas été toujours confiée au même peuple ; et que tous n'aient pas contribué dans une proportion égale, à la construction du grand édifice qui sera le fruit de leur labeur commun. Ce n'est pas qu'on puisse espérer de parvenir, malgré tant d'efforts, à le terminer complètement, à rétablir en leur entier les annales du genre humain, à en combler les nom-

---

(1) Trois volumes in-8°, avec un atlas composé de cent-vingt planches.

breuses lacunes, à faire pénétrer au sein des ténèbres qui en couvrent certaines parties une lumière assez vive pour n'en pas laisser désirer une plus vive encore ; mais au moins peut-on raisonnablement se flatter d'arriver à une connoissance des faits principaux des divers âges suffisante pour en déduire, à l'aide d'une saine philosophie, les lois générales de l'humanité : et de tous les fruits qu'il est possible de retirer de l'histoire, c'est là certes le plus précieux ; car le progrès rapide et sûr de la vraie civilisation en dépend à beaucoup d'égards. On ne sauroit donc trop souhaiter l'avancement d'un genre d'étude si étroitement lié aux plus graves intérêts de l'homme.

La France devança les autres nations dans cette vaste carrière. Elle y porta une ardeur soutenue, une solidité de jugement, un esprit d'ordre et de critique, qu'on n'a point encore surpassé. Le génie de Joseph Scaliger, homme prodigieux par l'immense étendue de son savoir, et le seul, dit Frédéric Schlegel, que nous puissions opposer à Leibnitz, créa la science chronologique que tua plus tard la lourde et vide érudition du Père Petau. Rien aujourd'hui ne peut, parmi nous, donner une idée des gigantesques travaux des Ducange, des Baluze, des Lecointre, des Duchesne, des Tillemont, de l'Académie des Inscriptions, dont les mémoires forment un recueil jusqu'à présent unique, de recherches aussi variées que profondes, et surtout des Bénédictins de la congrégation de Saint-Maur. Ces pieux enfans de la solitude, après avoir déposé la bêche et le hoyau

qui fertilisèrent une partie de notre sol , élevèrent ,
dans le silence du cloître, ces merveilleux monumens
qu'on pourroit appeler les pyramides de la science ,
et qui, en ce siècle où l'on ne sait plus tout ce que
peut opérer la force d'association constamment dirigée
vers un même but, nous apparoissent comme des
vestiges laissés par une race d'hommes plus puissante,
de son passage sur la terre.

L'Espagne, en s'occupant de sa propre histoire si
brillante, si poétique, a contribué à éclaircir une
partie de celle des Arabes, ses derniers conquérans.
Elle est loin cependant d'avoir épuisé la tâche particulière que sa position lui assigne dans cet ordre de
recherches. De nombreux documens restent encore
ensevelis dans ses bibliothèques et ses archives, et
probablement continueront d'y dormir inconnus,
jusqu'à ce que cette belle et glorieuse nation, sortant
de l'atmosphère ténébreuse qu'on a épaissie autour
d'elle, se réchauffe au soleil de la civilisation, qui, de
nos jours, ranime et féconde des contrées plus heu-
reuses. Les trésors littéraires du Vatican, ouverts à
tous, fourniroient de précieux matériaux pour l'histoire du moyen âge et des temps postérieurs. D'autres
bibliothèques, à Florence, à Venise, à Milan, de-
manderoient encore à être soigneusement fouillées
par des hommes patiens et habiles. Les immenses
travaux de Muratori auroient dû, ce semble, en pro-
voquer de semblables ; mais ce nom illustre représente
presque seul la gloire de l'Italie dans cette branche
importante des connoissances humaines. L'édition si

considérablement augmentée du *Monasticon* de Dug-
dale, qu'on vient d'achever en Angleterre, est son
plus beau monument de ce genre, moins remarquable
toutefois par la critique et la science véritable que par
la somptueuse magnificence qui a présidé à son exécution matérielle. Une riche aristocratie a voulu un
ouvrage de luxe, un livre démesurément cher; elle
l'a eu.

La collection vraiment nationale commencée en
Allemagne d'après les vues patriotiques du comte de
Stein, aura, si jamais elle se termine, un autre caractère, nous le croyons. Mais puisque nous avons
nommé l'Allemagne, c'est ici le lieu de lui rendre la
justice qui lui est due, et de reconnoître hautement
l'incontestable supériorité qu'elle a acquise, depuis
un demi-siècle, dans la culture des sciences historiques. Au moment où la France, absorbée tout
entière par sa révolution politique, détournoit ses
regards du passé pour les arrêter uniquement sur
l'avenir qu'elle préparoit au monde; lorsque, ouvrant
la carrière ou l'Europe la suit, elle s'abandonna,
comme Colomb, aux vents et aux tempêtes pour
découvrir de nouveaux rivages et un ciel nouveau;
lorsqu'elle dit aux peuples étonnés, aux peuples as-
soupis dans leur vieille misère : C'est assez de ce qui
fut; je vous créerai d'autres destins : alors la labo-
rieuse et pensive Allemagne, occupant la place que
la France quittoit, laissa celle-ci remuer le présent, et
tourna son activité vers un but exclusivement intellectuel. Elle entreprit en quelque sorte de recon-

struire, à l'aide des faits et de la théorie philosophique, l'organisme vivant de l'humanité dans les
siècles antérieurs. Agrandissant ainsi le domaine de
l'histoire, elle y ramena la philologie, l'archéologie,
et en général toutes les sciences qu'elle fit converger
à ce foyer commun. Recueillant tout, rapprochant
tout, religion, lois, mœurs, coutumes, traditions,
langues, littérature développée ou informe, et spé-
cialement ces chants spontanés qui furent partout les
premières annales des peuples, et l'expression la moins
équivoque de leur caractère individuel, de leur vie
morale et intime, elle s'efforça de débrouiller leurs
origines si obscures et leur filiation si incertaine. Une
pareille méthode, on le sent bien, provoquoit des
hardiesses de tout genre, laissoit aux conjectures les
plus hasardées un vaste champ, et, en exigeant qu'on
s'isolât des impressions que l'homme reçoit de tout
ce qui l'environne, pour se pénétrer de l'esprit, des
sentimens, des passions d'une autre société et d'une
autre époque, mettoit en jeu une sorte de faculté de
divination. A défaut de documens plus directs et plus
étendus, l'historien cherchant à saisir dans les traditions héroïques et mythiques d'un peuple son génie
propre, et, pour ainsi dire, sa forme particulière, se
flattoit de le recomposer sans autre secours, à peu
près comme Cuvier recomposoit des animaux entiers
de genre inconnu à l'aide d'un seul fragment de leur
structure osseuse, avec cette différence toutefois que
le célèbre anatomiste prenoit pour point de départ un
débris d'organisation, et l'historien la force organi-

satrice elle-même. On ne peut nier que plusieurs écrivains dont l'Allemagne s'honore à juste titre, n'aient fait preuve, dans ce travail singulier, je dirois presque dans cette espèce de féerie scientifique, d'une étonnante sagacité. Il suffit de nommer Niebuhr pour rappeler tout ce qu'a d'ingénieux, de brillant, mais aussi de conjectural, la méthode qu'il a illustrée en l'appliquant, souvent avec un rare bonheur, à l'histoire des premiers temps de Rome. Espérons que sa mort prématurée ne privera pas l'Europe de la suite d'un ouvrage qui a jeté un si grand éclat, en ramenant les faits matériels de l'humanité sous la puissance de l'esprit qui les engendre, les anime et les vivifie.

Ce n'est pas qu'on ne puisse abuser de ces procédés *à priori*, surtout lorsqu'on les sépare d'une profonde connoissance des monumens ; et que leur emploi n'offre fréquemment quelque chose d'arbitraire, ou tout au moins d'indémontrable, qui semble peu compatible avec le caractère propre de l'histoire, tel qu'auparavant on se le représentoit. Cet inconvénient très réel, et dont les imitateurs de Niebuhr ne sauroient se garder avec trop de soin, ne détruit cependant pas les nombreux avantages qu'offre le mode d'investigation philosophique dont il est une conséquence inévitable. On conçoit néanmoins que plusieurs, moins frappés de ceux-ci qu'effrayés de celui-là, aient cru plus sage de s'abstenir d'entrer dans cette route nouvelle. De là deux écoles historiques, l'une qu'on peut appeler *instinctive,* et l'autre *positive,* ou ne s'appuyant que sur des témoignages écrits. L'auteur de l'ouvrage que nous annonçons appartient à cette dernière. Aspirant à des résultats rigoureusement incontestables, il écarte inexorablement ce qui ne seroit que *deviné*, sans être susceptible de preuve directe ; non qu'il réprouve, tout au contraire, un usage franc de la pensée, un examen sévère et indépendant des opinions les plus accréditées, mais restreint toutefois dans les bornes de la critique purement historique, suivant l'ancienne acception du mot. Ce cercle ne laisse pas d'être encore assez vaste. On se rappelle en effet qu'il y a vingt-deux ans M. Micali, dans son livre intitulé *l'Italie avant les Romains* , appela le premier l'attention des savans sur l'histoire de cette époque antique, et, par la hardiesse de ses vues autant que par la profondeur de ses recherches, donna l'impulsion aux travaux postérieurs et à ceux de Niebuhr lui-même. Il est bon de constater les faits de ce genre, afin que, dans le progrès de la science, chacun jouisse de la part de gloire et de reconnoissance qui lui est due.

Comme tous les hommes supérieurs, M. Micali fut loin d'être pleinement satisfait des essais de sa jeunesse. Au lieu de se reposer dans le succès flatteur qu'il avoit obtenu, il recommença ses études, devenues plus faciles à quelques égards, et plus intéressantes par la découverte d'un grand nombre de monumens propre à répandre une vive lumière sur le sujet qui l'occupoit. Il relut tout ce qui s'y rapporte dans les écrits des anciens et des modernes, compara tout, discuta tout ; et non content des connoissances

qui se puisent dans les livres, il parcourut l'Italie entière, pour recueillir sur les lieux mêmes, par l'in-
spection immédiate du sol, ces notions précises que
rien ne supplée lorsqu'on veut arriver à des conclu-
sions solides, et ne pas apprécier certains faits comme
au hasard. Le résultat de tant de travaux est consigné
dans l'*Histoire des anciens peuples d'Italie* qu'il vient
de publier à Florence. Nous tâcherons d'en donner
une idée sommaire, en nous permettant, d'après son
invitation même, de soumettre à l'illustre auteur quelques doutes sur différents points susceptibles, ce nous
semble, d'être contestés, et sur plusieurs applications
de son hypothèse fondamentale, développée avec autant d'art que de clarté, mais conçue en un sens trop
exclusif peut-être.

M. Micali se place d'abord au centre de cette magnifique chaîne de montagnes qui parcourt l'Italie
dans toute sa longueur. Il suppose qu'à une époque
où déjà le pays étoit habité, la Sicile auparavant
jointe à la Calabre en fut séparée par quelque violente commotion du sol (1); et que, dans le même
temps, la mer, recouvrant les plaines aujourd'hui si
fertiles qui s'étendent des deux côtés des Apennins,
s'élevoit jusqu'au pied de ceux-ci et en baignoit les
croupes (2). Ces deux suppositions paroissent difficiles
à admettre. On est généralement d'accord que la Sicile, comme l'Angleterre, et quelques autres îles autrefois unies aux continents voisins, n'en ont point

---

(1) Tome I, page 4.
(2) *Ibid.*, page 17.

été séparées postérieurement au grand cataclysme
qui opéra, il y a environ cinq mille ans, des boule-
versemens si profonds sur la surface de notre globe.
Et quant à la submersion primitive des plaines de
la péninsule italique, elle impliqueroit un change-
ment de niveau dans les mers adjacentes, qui successivement se seroient abaissées, et considérablement
abaissées; fait contraire aux observations et aux documens historiques, d'où il résulte que le niveau de
la Méditerranée n'a pas varié sensiblement depuis
près de trente siècles. Il est très vrai cependant que
ces plaines, inondées par les débordemens des fleuves
qui les traversent, étoient pour la plupart originairement inhabitables, ainsi que le dit M. Micali; qu'elles
n'ont pu devenir propres à l'habitation de l'homme
qu'à l'aide d'immenses travaux de dessèchement, de
digues construites pour contenir et diriger les cours
d'eau, et qu'encore aujourd'hui une négligence de
moins d'un demi-siècle dans l'entretien de ces digues
suffiroit pour transformer de nouveau la Lombardie
presque entière en un vaste et stérile marais. Il est
donc certain que la population dut être d'abord con-
finée dans les montagnes; et qu'elle ne put même
étendre ses conquêtes sur un sol tel que celui que
nous venons de décrire, avant d'avoir atteint, avec la
connoissance et la pratique des arts, un degré de civilisation assez avancé.

Mais quelle étoit cette population? D'où tiroit-elle
son origine? A quelle race plus ancienne appartenoit-
elle? Loin de prétendre résoudre ces questions,

14.

M. Micali les juge insolubles, au moins dans l'état
actuel de la science, et conséquemment déclare qu'il
ne s'en occupera point. Le premier fait pour lui est
l'existence de peuplades indigènes, en ce sens que
leur séjour en Italie est de beaucoup antérieur aux
monumens de l'histoire; qu'on ignore entièrement
d'où elles y étoient venues, par quelle route, et de
quelles nations elles s'étoient détachées. Ces *abori-
gènes*, comme les appeloient les Romains, possédoient
le pays qui s'étend du pied des Alpes jusqu'à l'extrémité de la péninsule. Issus d'une souche commune, ils
parloient tous, suivant M. Micali, une langue radicalement la même, avoient la même religion, les mêmes
mœurs, les mêmes lois, les mêmes institutions fonda-
mentales, bien que portant des noms divers, et séparés
en un grand nombre de sociétés particulières. Dans la
suite des temps il s'établit, sans parler des îles adjacentes
successivement envahies par divers peuples naviga-
teurs, il s'établit, disons-nous, sur les côtes de l'I-
talie inférieure des colonies crétoises, chalcidiennes,
achéennes et doriques, dont l'ensemble formoit ce
qu'on nomma depuis la grande Grèce. Mais, quelle
qu'ait pu être d'ailleurs leur action civilisatrice sur
les populations voisines indigènes, les deux races de-
meurèrent profondément distinctes et ne se mêlèrent
jamais.

D'autres invasions troublèrent, à différentes épo-
ques, le repos des habitans de l'Italie supérieure.
Les Liburniens de race illyrique, les Liguriens, les
Énètes ou Vénètes et d'autres nations parties des bords

opposés de l'Adriatique, refoulèrent, à plusieurs reprises, les populations primitives vers l'Italie centrale, comme des ondes qui se poussent mutuellement. Les Pélages ou Pélagues y pénétrèrent avec les tribus fugitives, mais leur séjour n'y fut pas très long ; et il influa peu sur les peuples au milieu desquels ils vécurent momentanément, à cause de la civilisation supérieure de ceux-ci. Repoussés de proche en proche jusqu'aux dernières limites méridionales de l'Italie, ils la quittèrent, enfin, sans y laisser aucune trace durable de leur passage ; car, suivant l'opinion au moins très probable de M. Micali, les monumens qu'on appelle cyclopéens leur ont été faussement attribués. Ce genre de construction, indiqué par la nature même dans les pays montagneux où la pierre abonde, fut de tout temps pratiqué par les indigènes, et M. Micali prouve fort bien que l'usage s'en continua jusque sous les premiers empereurs. Toutefois, avant de porter un jugement définitif sur l'influence pélagique en Italie, il faudroit, ce nous semble, mieux connoître ce peuple mystérieux, qu'on diroit poursuivi, dans ses continuelles migrations, par une fatalité inexorable, et qu'on voit, tel qu'une ombre vague et silencieuse, se glisser à travers les origines de toutes les nations les plus célèbres de l'Occident.

Les Osques, ou Opiques, ou Aurunces, formoient le tronc principal de la race primitive italienne, comme les Ra-Sènes, appelés par les Grecs Tirséniens ou Tirrhéniens, par les Romains Tusques ou Étrusques, en formoient la branche la plus illustre et la plus civilisée. Nous avouerons que, sur ce point, il nous reste quelques doutes : cette identité d'origine ne nous paroît pas suffisamment constatée ; elle manque de preuves directes, et lorsqu'on vient à considérer combien par leurs institutions religieuses et politiques, par leurs sciences, leurs arts, leurs mœurs, et, autant qu'on en peut juger, par leur langue même, les Étrusques différoient des peuples circonvoisins, on se persuade difficilement qu'ils aient pu sortir d'une source commune, quoique l'on reconnoisse clairement une certaine influence réciproque qui dut être l'effet de leur rapprochement sur le même sol, et des communications fréquentes qui en étoient une suite nécessaire. Nous ne pensons pas que, pour rendre raison de ces différences radicales, il suffise d'établir que les Étrusques, peuple commerçant et navigateur, eurent de nombreuses relations avec l'Afrique et l'Asie, ni même de conjecturer qu'à l'époque de l'invasion des pasteurs en Égypte quelques familles sacerdotales se réfugièrent chez les Ra–Sènes, et, les initiant au culte égyptien, à la philosophie, aux sciences, aux arts de cette antique contrée, fondèrent parmi eux un ordre social tout nouveau; car il n'existe aucun autre exemple d'une nation ainsi changée fondamentalement par des étrangers fugitifs, nécessairement suspects du moment où ils auroient laissé seulement apercevoir la pensée d'opérer une révolution, laquelle bouleversoit, avec le droit reçu, les relations antérieures entre les divers membres de la communauté. Et, d'ailleurs, s'il existe des

rapports qu'on ne peut méconnoître entre les idées
religieuses des Étrusques et les croyances égyptiennes,
il n'en existe presque aucun entre leur organisation
sociale et celle de l'Égypte, fondée sur le système des
castes. De plus : la mythologie étrusque, d'après ce
que les monumens nous en apprennent, avoit des relations non moins marquées avec des croyances assy-
riennes et phéniciennes ; et leur religion, leurs institutions, leurs lois, leur ordre social entier formoient
un tout tellement compacte, si étroitement lié dans
toutes ses parties, que l'esprit se refuse à le concevoir
sous une autre notion que celle d'une production vivante et spontanée du génie et des traditions nationales, modifiés ensuite superficiellement par des
causes accidentelles, qui jamais n'en altérèrent le fond
principal.

Que s'il nous reste des doutes sur l'identité origi-
naire des Ra-Sènes et des Osques, nous ne pensons
pas qu'on puisse en conserver sur l'origine commune
des peuplades qui successivement occupèrent la péninsule depuis les rives du Tibre jusqu'à l'extrémité
de la Calabre. On peut en voir le dénombrement dans
M. Micali, qui suit leur filiation avec une science,
une sagacité et une clarté admirables.

Pour comprendre les mouvemens de toutes ces populations, il faut les rapporter à trois causes générales :

Premièrement, l'invasion étrangère. Ainsi, dès les
plus anciens temps, les nations connues sous le nom
d'Illyriens, de Thessaliens, de Pélages, traversant

l'Adriatique, s'emparèrent des côtes voisines des bouches du Pô, et, s'avançant ensuite dans l'intérieur du pays, en chassèrent les Ombriens, qui, rencontrant dans leur fuite les Sicules, établis entre l'Arno et le Tibre, les forcèrent de leur céder ce territoire, et de chercher eux-mêmes une autre patrie qu'ils ne trouvèrent que dans la Sicile, à laquelle ils donnèrent leur nom, après l'avoir en partie conquise sur les Sicaniens, ses premiers habitans. Mais, bientôt après, les Ombriens furent à leur tour dépossédés par les Ra-Sènes, qui jetèrent au centre de l'Italie les bases d'une domination durable.

Secondement, les guerres intérieures. Tant de petites peuplades voisines, resserrées chacune dans un étroit espace, ne pouvoient guère vivre long-temps en paix; et la force qui presque toujours intervenoit pour terminer entre elles les contestations sur les limites, devoit les changer souvent. Les Étrusques étendirent progressivement les leurs de l'embouchure de la Magra à celle du Tibre; et portant leurs conquêtes dans la haute Italie jusqu'aux rives du Tésin, et dans l'Italie inférieure au-delà même de celles du Vulturne, ils y fondèrent deux nouveaux États, deux Étruries nouvelles, composées chacune, comme l'ancienne, de douze villes confédérées : car le nombre douze étoit chez les Ra-Sènes symbolique et sacré. Et encore ici nous voyons les Étrusques constamment séparés de tous les autres peuples italiques par une forme de société qui, dans son ensemble et dans ses détails, leur étoit exclusivement propre.

Troisièmement, les colonies appelées *printemps sacrés*. Lorsque l'agriculture, à peine naissante, n'ajoutoit que peu de ressources à celles de la vie purement pastorale, la subsistance des tribus errantes dans les vallées des Apennins étoit généralement très précaire. S'il arrivoit que leurs foibles moissons manquassent, ou qu'une épidémie ravageât leurs troupeaux, ou qu'elles eussent éprouvé les calamités de la guerre, alors, pour détourner par une solennelle expiation la colère céleste, elles consacroient au dieu à qui appartient le souverain empire tout ce qui naissoit dans le cours du printemps, enfans et animaux, et c'étoit là le printemps sacré : *ver sacrum*. Il est possible qu'originairement ce qu'on dévouoit ainsi fût réellement offert en sacrifice à la divinité qu'on vouloit fléchir, comme le pense M. Micali. Cependant j'inclinerois à ne voir dans cette institution singulière qu'un moyen tout-à-fait conforme au génie religieux de l'antiquité, de remédier au trop grand accroissement de la population par l'établissement de colonies qui trouvoient dans le caractère sacré qu'on leur avoit imprimé une sauvegarde plus sûre que la force. Et, en effet, sitôt que la génération dévouée avoit atteint l'âge de l'adolescence, elle s'en alloit, conduite par l'un des principaux membres de l'ordre sacerdotal, chercher ailleurs d'autres foyers. La religion les protégeoit mieux que les armes. « Partout, dit M. Micali, où l'on bâ-
» tissoit un temple avec de nouveaux autels et des
» rites divins, les peuples se rassembloient autour : là
» s'élevoient des habitations rustiques, s'ouvroit un

» nouveau marché; là sur une terre nouvelle croissoit
» un peuple nouveau. Ainsi, selon le génie de ces
» temps où dominoit universellement le sacerdoce,
» tous tenoient pour sacré le commencement de ces
» colonies qui propageoient de côté et d'autre les
» formes, les ordonnances et la tutelle d'une même
» institution théocratique ; tous mieux contenus ou
» plus justement régis par elle s'estimoient heureux
» d'être associés au sort d'un peuple favorisé par les
» augures et cher aux dieux. Ce qui fait clairement
» comprendre comment un petit nombre d'hommes
» choisis, revêtus des armes invincibles de leur dieu,
» purent s'incorporer avec d'autres peuples indépen-
» dans, leur communiquer leurs lois, leurs règles, et
» fonder avec le temps des sociétés puissantes. Initiés
» aux mystères religieux et civils, les conducteurs de
» ces colonies sacrées ne pouvoient certainement don-
» ner au nouveau peuple d'autres institutions que
» celles dont ils étoient les gardiens, les régulateurs
» et les maîtres. Nous apprenons de Pline que les Pi-
» céniens descendoient des Sabins par le vœu d'un
» printemps sacré ; les Samnites en provenoient de la
» même manière, comme les Lucaniens des Samnites :
» toutes nations nombreuses et fortes, constituées sous
» une seule loi, ayant la même religion, et gouver-
» nées également dès l'origine par des commandemens
» et des décrets sacerdotaux (1). »

Les diverses peuplades de race certainement osque,
séparées par la nature même du sol coupé en vallées

----

(1) Tome I , page 24.

profondes et difficilement accessibles, avoient habi-
tuellement peu de relations entre elles, ce qui contri-
bua sans doute à conserver et à fortifier l'esprit d'indépendance qui formoit, comme le remarque Salluste (1),
le trait le plus marqué de leur caractère commun.
Jamais elles ne parvinrent à se constituer en un même
corps politique, ni même à former une confédération
qui eût quelque force d'unité. Ce fut toujours le sort
de ce beau pays d'être divisé intérieurement; avec
cette différence qu'autrefois ses habitans étoient séparés par la liberté, et qu'ils le sont aujourd'hui par
la servitude. La religion seule put opérer un commencement d'union, suffisante peut-être pour garantir
l'existence de l'ordre social établi, mais trop foible
pour résister aux envahissemens de la puissance plus
concentrée de Rome. Laissons parler M. Micali.

« **Dès** le moment où des Alpes à la mer de Sicile
» les tribus indigènes eurent formé de nombreuses
» sociétés civiles distinctes, le principe religieux,
» base de la cité, prévalut partout dans la jurispru-
» dence publique des nations italiennes, quelle qu'en
» fût la force, la police et le nom. De sorte que, de
» fait, le principal ou même l'unique lien de leur con-
» corde nécessaire, mais foible, se trouvoit dans le
» culte religieux, inséparable appui du droit des gens.
» Les féries solennelles instituées dès l'origine chez
» chaque peuple confédéré, et auxquelles, par le de-
» voir de leur office, assistoient les magistrats des

----

(1) Genus hominum agreste , sine legibus , sine imperio , libe
rum atque solutum. *Catil.* 6.

» villes ou territoires alliés, avoient certainement
» pour but, sous le voile de la religion, d'affermir
» l'amitié et l'union des confédérés, en les invitant à
» se regarder mutuellement comme frères, et à sacri-
» fier ensemble aux dieux de la patrie, ainsi qu'en
» usoient les Sabins et les Latins aux fêtes de la déesse
» Féronia, les anciens Latins entre eux, les Étrus-
» ques et les Ombriens, comme aussi les Lucaniens.
» Ce lien sacré et fraternel tendoit encore manifeste-
» ment à fortifier le pacte de la loi par la stabilité de
» l'engagement religieux. Selon le même principe de
» gouvernement, tous les autres peuples qui for-
» moient des États fédératifs convoquoient solennelle-
» ment et avec des rites religieux leurs assemblées
» publiques, soit dans les cas urgens, soit aux épo-
» ques fixées. C'est ainsi que les Étrusques avoient
» coutume de s'assembler dans le temple de Voltumna,
» les Latins dans le bois sacré d'Aricia ou dans celui
» de Ferentino, et les Sabins à Cure, comme aussi
» l'histoire fait de fréquentes mentions d'assemblées
» semblables chez les Ecques, les Herniques, les
» Volsques, les Samnites, les Lucaniens et les Ligu-
» riens. L'objet principal de ces réunions nationales,
» légalement composées des chefs du gouvernement,
» étoit la grande affaire de la guerre ou de la paix,
» la réception des ambassadeurs, les traités d'alliance,
» et tout ce qui concernoit la sûreté de l'union. Mais
» si les droits de la souveraineté, dans leurs rapports
» avec la défense commune, appartenoient naturelle-
» ment au conseil commun de la confédération, ce

» n'étoit pas une foible cause de troubles que ces
» mêmes droits fussent ensuite exercés sans aucune
» limite, séparément par chaque peuple, en tout ce
» qui concernoit ses affaires privées. C'est ainsi que
» quelques peuples sabins, les Ceninesiens, les Crus-
» tuméniens et les Antennates, se mirent, dit-on, en
» devoir de repousser, sans attendre le secours de
» leurs alliés, les premières injures des Romains. Plu-
» sieurs villes d'Étrurie soutinrent, durant des siècles,
» des guerres particulières, comme ceux d'Anagni
» parmi les Herniques, malgré le vœu de la ligue.
» Tusculum se sépara de la même manière de l'union
» latine, et Sutri de celle des Toscans, sans qu'on pût
» l'empêcher par une autre voie que celle des armes.
» Et voilà comment, dès l'origine, chaque confédé-
» ration des tribus italiques portoit en soi un germe
» de foiblesse, parce que, le lien qui en unissoit les
» divers membres étant impuissant à les constituer en
» un seul et même corps, chaque cité, lente à se mou-
» voir, et facilement soustraite à l'autorité commune,
» tomboit sous l'influence des ambitions individuelles,
» qui produisoient souvent des ruptures et des dis-
» cordes (1). »

Ce mode de gouvernement ressembloit fort au fond
à celui des États-Unis américains ; seulement, dans
celui-ci le pouvoir central possède plus de force : bien
qu'on puisse douter qu'il en ait assez pour maintenir
long-temps l'union dont il est le lien. Avec de nombreux avantages, les États fédératifs manquent d'unité

____

(1) Tome II , page 67 et suiv.

de pensée et d'unité de vie ; et c'est pourquoi ils se dissolvent aisément et font rarement de grandes choses. Toutefois ce genre de gouvernement est quelquefois inévitable, lorsqu'entre des populations qui ne peuvent subsister qu'unies il existe trop de dissimilitude pour qu'elles puissent être soumises sans oppression à des lois de tout point uniformes.

L'Étrurie, organisée selon des idées mystiques, et assujettie à une puissante aristocratie sacerdotale, étoit divisée en douze cités ou corporations civiles. Le suprême magistrat de chacun de ces douze peuples, dont se composoit la nation entière, portoit le nom de *Lucumon*, et il étoit élu chaque année. Investi d'une pleine puissance, il rendoit néanmoins tous les neuf jours compte de ses actes à ceux qui l'avoient élevé à cette haute dignité que les Romains appeloient royale. L'un d'eux étoit élu généralissime et chef de l'union par les douze peuples confédérés, dont chacun fournissoit un licteur à son cortége : pour montrer qu'ils avoient tous une part égale dans la souveraineté commune (1).

Cette organisation sociale, qui excluoit le peuple de toute participation aux affaires publiques, devoit nécessairement périr sitôt que le prestige religieux qui environnoit l'aristocratie gouvernante et faisoit sa force auroit commencé à se dissiper ; aussi prit-on pour le conserver des précautions sans nombre. Tous les actes de la vie humaine, unis à des rites mystérieux

---

(1) Tome II, pages 71 et 72.

dont la seule classe sacerdotale possédoit le secret et qu'elle pouvoit seule accomplir, étoient par là sous sa dépendance. Elle avoit enveloppé et serré dans les mêmes chaînes l'homme intellectuel et l'homme civil. Maîtresse absolue des croyances, de la science et des lois, elle n'avoit pas laissé une seule issue à la liberté humaine. Il suit de là que, sous cette police pesante et compacte, l'Étrurie devoit former une société forte, mais sans élan; un corps, si l'on peut ainsi parler, d'une densité extraordinaire, mais sans principe d'expansion. Le défaut d'unité politique la rendit plus facile à entamer par les Romains qui l'attaquoient avec toutes leurs forces, tandis que presque toujours elle ne se défendoit qu'avec une partie des siennes. Inévitablement elle devoit succomber dans cette lutte inégale, et elle succomba en effet vers la fin du cinquième siècle après la fondation de Rome. Ses derniers efforts, glorieux mais stériles, ne servirent qu'à jeter quelque éclat sur sa mort. Et ce qu'il y eut de remarquable à cette fatale époque et dans les temps qui la suivirent, c'est la promptitude avec laquelle l'aristocratie, qui perdoit tout, s'oublia elle-même, poussée par sa corruption interne à s'identifier au peuple conquérant, tandis que le plébéien, qu'elle avoit tenu perpétuellement courbé sous sa domination, puisant dans ses croyances religieuses une plus grande énergie de résistance, conserva seul, avec le souvenir et le regret de la patrie, l'esprit national qui ne s'éteignit complètement qu'après l'introduction du christianisme, dans le sixième siècle de notre ère. La dissolution progressive de cette antique nation est admirablement peinte par M. Micali.

« Juridiquement assujettis sous le nom d'alliés
» (*socii italici*) à l'empire romain, privés du droit de
» faire la guerre, les noms ne pouvoient donner une
» garantie qui n'existoit plus dans les choses. Cepen-
» dant le régime municipal, à l'ombre duquel les cités,
» après la rupture du lien fédéral, continuèrent de
» s'administrer, étoit une compensation au poids de
» leur sujétion et à la nécessité de maintenir de leur
» sang la grandeur d'un peuple oppresseur. L'aristo-
» cratie, jadis dominante, se rapprocha désormais
» toujours plus de ses nouveaux maîtres; elle se sépara,
» de sentiment et d'intérêt, des masses populaires,
» et elle en fut, en temps et lieu, récompensée par
» des faveurs et une protection spéciale... Les arus-
» pices même, interprètes du pouvoir souverain,
» firent leur paix et devinrent aussi des instrumens
» de la domination romaine, parce que la révérence
» pour le sacerdoce étant affoiblie, mais non éteinte,
» leur ordre surtout continuoit de mettre à profit le
» monopole secret de l'art formidable de la divination.
» Par son action lente et progressive sur les âmes
» abattues, l'obéissance générale, quoique forcée,
» tendoit naturellement à étouffer le désir, autrefois
» si vif, de se signaler par des œuvres utiles à la cité.
» De cette sorte, l'Étrurie eut désormais du calme et
» non du repos, des peuples sans gloire, la servitude
» sous des noms honorables. L'amour de l'art et des
» études, auxquels on attachoit le plus de prix, ne

» laissa pourtant pas de se conserver. Les nobles,
» les riches et en général tous ceux que favorisoit
» la fortune, employoient leur opulence, dans l'oisi-
» veté de la paix, à embellir la vie par le charme des
» arts agréables. Quelle étoit l'affection qu'inspiroient
» ces arts, ainsi que la somptueuse ostentation des
» grands, c'est ce que montre clairement l'innom-
» brable multitude de monumens qu'aujourd'hui sur-
» tout on découvre dans toute l'Étrurie, et avec une
» abondance plus merveilleuse encore dans la vaste
» nécropole des Volsques, d'où l'on tire à la fois des
» milliers de vases, de bronzes et d'objets de toute
» sorte, qui, pour honorer les tombeaux, y furent
» déposés dans le cours des siècles : toutes choses plus
» ou moins précieuses, ou par la matière ou par le
» travail, et qui prouvent combien étoient multi-
» pliées les commodités de la vie, et combien étoient
» grandes les richesses privées, même après la perte
» de la liberté; car il est manifeste, pour quiconque
» veut en faire la comparaison, qu'un nombre con-
» sidérable de ces monumens, comme beaucoup de
» sculptures de Volterre, furent exécutés par des
» artistes étrusques dans le style et selon la manière
» usitée aux siècles de la domination romaine. Il sub-
» sistoit aussi alors, dans les cités maritimes, quel-
» que commerce d'outre-mer, qui peu à peu alla di-
» minuant, tandis que les travaux de l'agriculteur
» tenoient partout ouvertes d'inépuisables sources de
» richesses. Mais le sort du citoyen changea bientôt et
» pour toujours, lorsque, la propriété territoriale ayant

» passé en d'autres mains, l'habitant des campagnes
» fut contraint de cultiver comme fermier la terre
» qui jadis étoit sienne, et que, les hommes libres
» expulsés ou soumis à une dure oppression, la cul-
» ture de nos champs fut confiée par les nouveaux
» maîtres à des esclaves, et à des esclaves étrangers.
» Cette misère extrême de la Toscane fut, au rapport
» de Caïus Gracchus, le motif le plus fort qui porta
» son frère Tibérius à proposer la loi agraire. Ni le
» courage cependant, ni le désir de la liberté n'é-
» toient tout-à-fait éteints dans le peuple. Plusieurs
» villes d'Étrurie se soulevèrent dans la guerre d'An-
» nibal; l'esprit public se ranima dans la guerre so-
» ciale, et dans celle de Sylla l'Étrurie opposa de
» nouveau une résistance opiniâtre à la viudicative
» tyrannie du dictateur de Rome. A cette époque san-
» glante un grand nombre de villes principales fu-
» rent ou ruinées ou données en garde à des colonies
» de soldats rapaces, qui dissipoient scandaleusement
» les richesses acquises par d'iniques voies. Les fa-
» milles illustres s'éteignirent, ou se réfugièrent en
» d'autres pays. De si grands fléaux détruisoient non
» seulement les restes de l'ancienne vie civile, mais
» encore peu à peu les monumens publics, les écrits,
» la littérature, les beaux-arts, en un mot l'héritage
» entier de la vertu des ancêtres. La science des arus-
» pices conserva seule sa formidable autorité jusqu'au
» sixième siècle de l'ère vulgaire, tant le crédule
» Étrusque, enveloppé dans le lacet de ces vieilles
» fourberies, s'en alloit cherchant opiniâtrément

» quelque espérance et quelque consolation à ses
» misères dans les vains leurres de la divination pa-
» ternelle (1) ! »

Nous n'avons pu donner qu'une idée fort incom-
plète de l'histoire primitive des peuples de l'Italie,
telle qu'avec une rare sagacité et une science profonde
M. Micali a su la reconstruire à l'aide des fragmens
épars qu'en ont conservés les anciens auteurs. Dans son
deuxième volume il traite des institutions politiques,
du gouvernement, des lois civiles, des croyances et
du culte de ces mêmes peuples; de la philosophie, des
mœurs et de la vie domestique des Étrusques, des
développemens que prit chez eux l'art du dessin, de
leurs principaux monumens, de l'agriculture, de l'art
de la guerre, de la navigation, du commerce et de la
monnoie, et enfin de la langue étrusque et osque, et
de ses dialectes. Son hypothèse sur l'identité origi-
naire de ces deux nations a dû le conduire à ne voir
dans l'étrusque et l'osque que deux dialectes d'une
même langue primordiale. Ceci, selon nous, est la
partie systématique de son livre. On ne sauroit douter que l'osque et l'étrusque n'aient dû se faire des
emprunts mutuels et se modifier réciproquement :
mais que ces deux langues fussent radicalement les
mêmes, c'est ce qui ne nous paroît rien moins qu'établi;
et l'impossibilité jusqu'ici insurmontable d'arriver à
l'intelligence de l'étrusque, dans lequel il n'existe encore qu'*un seul mot* dont le sens soit fixé avec quelque
probabilité, favorise peu la supposition de son identité

____

(1) Tom. II, page 165 et suiv.

15.

primitive avec l'osque moins rebelle à l'interpréta-
tion, à cause de son affinité plus grande avec l'ancien
latin. En définitive, nous croyons que tout ce qui
tient aux commencemens de l'Étrurie et à l'origine
de ses habitans est encore pour nous couvert de ténèbres impénétrables. Il existe des rapports frappans
entre quelques unes de leurs idées théologiques et le
système religieux de l'Égypte, et, comme le comte
de Caylus et d'autres l'avoient déjà remarqué dans le
siècle dernier, entre l'art, tel qu'il apparoît dans leurs
monumens les plus antiques, et l'art égyptien. Mais
à ces rapports incontestables se joignent des différences
si tranchées, si profondes, qu'on n'en peut, à vrai dire,
rien conclure de certain sur l'origine de la race
étrusque, qui continue de rester l'un des plus obscurs
mystères de la science.

Dans un troisième volume, M. Micali donne l'ex-
plication des planches extrêmement curieuses et d'une
grande beauté d'exécution qu'il a jointes à son ouvrage. Elles contiennent un grand nombre de monumens inédits, également utiles à l'histoire des
croyances religieuses des Étrusques, et à celle de
l'art parmi eux. Ce magnifique recueil, qui a exigé
d'immenses travaux et des dépenses énormes, feroit
honneur à un souverain. Aucun sacrifice n'a coûté à
M. Micali pour ajouter une palme de plus à la gloire
de son pays. Il a élevé un monument véritablement
national. Comme savant et comme écrivain, il s'est
placé, dans l'*Histoire des anciens peuples d'Italie*, au
niveau des premières renommées modernes. En plu-

sieurs endroits de son livre, on croiroit entendre Tacite parlant la langue de Machiavel. Comme citoyen, et ce but justifie ce qu'il y a peut-être de hasardé dans quelques unes de ses hypothèses, il montre à ses compatriotes, dès les plus anciens âges, la cause de leurs malheurs dans leurs perpétuelles divisions, en même temps qu'il leur présente un touchant motif d'union dans une origine commune. Chacune de ses pages manifeste l'homme de bien dans le savant illustre ; et après ce dernier travail qui couronne si dignement sa belle carrière, il peut dire avec confiance : *Sat patriæ Priamoque datum.* Cette patrie elle-même, que ses talens honorent, confirmera unanimement ce témoignage de sa conscience.

Il nous a été doux de rendre ce foible hommage à l'un des enfans de cette terre que nous chérissons, de cette terre féconde en tout genre de grandeur, où rien ne sauroit étouffer ni la science, ni les arts, ni le génie. Parce qu'on l'a enveloppée comme de bandelettes funèbres, on entend dire : l'Italie ne vit plus, elle est morte ; non, une nation qui a produit simultanément Micali, Manzoni, Pellico, n'est pas une nation morte. La puissante vie qu'on refoule en son sein y fermente en secret : et quand viendra l'heure marquée par la Providence ; quand le géant qui sommeille dans le tombeau qu'on lui a fait se réveillera, le monde poussera un cri d'étonnement à la vue des merveilles qui frapperont ses regards. A présent, il est vrai, en voyant ce peuple languissant au milieu d'une nature si énergique et si brillante, on est ému d'une profonde pitié ; on se demande comment il se fait qu'un si beau soleil éclaire tant d'infortunes : mais quand on a pénétré au fond de certaines âmes qui semblent receler, comme un sanctuaire, les sacrés destins de la patrie, alors on respire plus à l'aise, alors on sent renaître en soi une inébranlable espérance ; et je ne sais quel souffle de l'avenir se mêlant aux brises odorantes qui caressent cette terre enchantée, on rêve pour elle un nouveau printemps.

A LA POLOGNE.

A LA POLOGNE.

Dors, ô ma Pologne, dors en paix, dans ce qu'ils appellent ta tombe : moi, je sais que c'est ton berceau.

Lorsque, délaissée, trahie, rendue de fatigue, épuisée de combats, ton front pâlit, tes genoux chancelèrent, ils tressaillirent d'une joie féroce et poussèrent un long cri, un cri sauvage, aigu, comme le cri de l'hyène qui la nuit fait frissonner le voyageur sous sa tente.

Dors, ô ma Pologne, etc.

Tel que ces chevaliers qui sommeillent, revêtus de leur armure, sur les vieux tombeaux, le géant étoit là couché sur la terre : ils jetèrent sur lui un peu de cette terre trempée de sang et dirent : Il ne se réveillera plus !

Dors, ô ma Pologne, etc.

Tes fils dispersés ont porté dans le monde les récits merveilleux de ta gloire. Ils ont raconté comment, tout-à-coup brisant le joug de tes oppresseurs, tu te levas semblable à l'ange que Dieu envoie, armé de son glaive, pour punir ceux qui se rient de la justice ; et le cœur des tyrans s'est troublé.

Dors, ô ma Pologne, etc.

Puis, quand ils ont dit tout ce que virent tes yeux avant de se fermer, l'indomptable courage des hommes, l'héroïque fermeté des plus foibles femmes, l'ardeur sainte des jeunes vierges, le dévouement religieux des prêtres, les petits enfans mêmes se dégageant des bras de leurs mères afin d'aller mourir pour toi, les peuples émus ont baissé la tête, et se sont pris à pleurer.

Dors, ô ma Pologne, etc.

Tant de sacrifices, tant de travaux devoient-ils être stériles? Ces sacrés martyrs n'auroient-ils semé dans les champs de la patrie qu'un esclavage éternel? En seroit-ce fait à jamais de cette patrie vers laquelle encore se tournent de loin les regards des pauvres exilés? N'en resteroit-il qu'une fosse couverte d'un peu d'herbe? Ah! dites-le, dites-le-moi!

Dors, ô ma Pologne, etc.

Le lâche a égorgé en tremblant les guerriers sans armes; il a serré dans de vils fers leurs fortes mains; il a eu peur des femmes, peur des enfans mêmes, et le désert a dévoré ceux qu'avoit épargnés le glaive. Pendant qu'ils s'enfonçoient dans la solitude, ou que pêle-mêle on les jetoit dans les abîmes de la terre, les murs des temples s'écrouloient sur les autels ensanglantés.

Dors, ô ma Pologne, etc.

Qu'entendez-vous dans ces forêts? Le murmure triste des vents. Que voyez-vous passer sur ces plaines? L'oiseau voyageur, qui cherche un lieu pour se reposer. Est-ce là tout? Non, je vois une croix : tournée vers l'orient, elle marque le point où le soleil se lève; et sur le soir soupirent auprès des voix douces et mystérieuses.

Dors, ô ma Pologne, etc.

Regardez! sur son front pâle, mais calme, est

une confiance impérissable, sur ses lèvres un sourire léger ? Qu'a-t-elle aperçu dans son sommeil ?
seroit-ce un vain rêve qui la trompe en fuyant ?
Non ; la Vierge divine, qu'elle proclama sa reine,
est descendue d'en-haut : elle a posé une main sur
son cœur, et de l'autre écartant le voile de l'avenir, la Foi, debout derrière ce voile, lui a montré la Liberté.

Dors, ô ma Pologne, dors en paix, dans ce
qu'ils appellent ta tombe : moi, je sais que c'est
ton berceau.

LES MORTS.

LES MORTS.

Ils ont aussi passé sur cette terre, ils ont descendu le fleuve du temps ; on entendit leur voix sur ses bords, et puis l'on n'entendit plus rien. Où sont-ils ? qui nous le dira ? *Heureux les morts qui meurent dans le Seigneur !*

Pendant qu'ils passoient, mille ombres vaines se présentèrent à leurs regards : le monde que le Christ a maudit leur montra ses grandeurs, ses richesses, ses voluptés ; ils les virent, et soudain ils ne virent plus que l'éternité. Où sont-ils ? qui nous le dira ? *Heureux les morts qui meurent dans le Seigneur !*

Semblable à un rayon d'en-haut, une croix, dans le lointain, apparoissoit pour guider leur course : mais tous ne la regardoient pas. Où sont-ils ? qui nous le dira ? *Heureux les morts qui meurent dans le Seigneur !*

Il y en avoit qui disoient : Qu'est-ce que ces flots qui nous emportent ? y a-t-il quelque chose après ce voyage rapide ? Nous ne le savons pas, nul ne le sait. Et comme ils disoient cela, les rives s'évanouissoient. Où sont-ils ? qui nous le dira ? *Heureux les morts qui meurent dans le Seigneur !*

Il y en avoit aussi qui sembloient, dans un recueillement profond, écouter une parole secrète, et puis, l'œil fixé sur le couchant, tout-à-coup ils chantoient une aurore invisible et un jour qui ne finit jamais. Où sont-ils ? qui nous le dira ? *Heureux les morts qui meurent dans le Seigneur !*

Entraînés pêle-mêle, jeunes et vieux, tous disparoissoient tels que le vaisseau que chasse la tempête. On compteroit plus tôt les sables de la mer que le nombre de ceux qui se hâtoient de passer.

Où sont-ils? qui nous le dira? *Heureux les morts qui meurent dans le Seigneur!*

Ceux qui les virent ont raconté qu'une grande tristesse étoit dans leur cœur : l'angoisse soulevoit leur poitrine, et, comme fatigués du travail de vivre, levant les yeux au ciel, ils pleuroient. Où sont-ils? qui nous le dira? *Heureux les morts qui meurent dans le Seigneur!*

Des lieux inconnus où le fleuve se perd , deux voix s'élèvent incessamment :

L'une dit : *Du fond de l'abîme , j'ai crié vers vous, Seigneur : Seigneur, écoutez mes gémissemens, prêtez l'oreille à ma prière. Si vous scrutez nos iniquités , qui soutiendra votre regard ? Mais près de vous est la miséricorde et une rédemption immense* (1).

Et l'autre : *Nous vous louons , ô Dieu! nous vous bénissons : saint , saint , saint est le Seigneur Dieu des armées! La terre et les cieux sont remplis de votre gloire* (2).

Et nous aussi nous irons là d'où partent ces plaintes ou ces chants de triomphe. Où serons-nous? qui nous le dira? *Heureux les morts qui meurent dans le Seigneur!*

____

(1) De profundis.
(2) Te Deum laudamus.

PRÉFACE

DU PETIT TRAITÉ

DE LA SERVITUDE VOLONTAIRE

DE LA BOÉTIE (1548),

ÉCRITE ET PUBLIÉE EN 1835.

16.

Connu surtout par l'amitié qui l'unissoit à Montaigne et qui a inspiré à celui-ci des pages si pleines de charme, Étienne de La Boëtie naquit à Sarlat, le 1er novembre 1530, et mourut à Germignat près Bordeaux, le 18 août 1563. On a de lui plusieurs ouvrages, tous aujourd'hui assez ignorés. Le plus curieux, sans contredit, est celui dont l'auteur des *Essais* parle en ces termes :

« Ma suffisance ne va pas si avant que d'oser en» treprendre un tableau riche, poly et formé selon » l'art. Je me suis advisé d'en emprunter un d'Es-» tienne de La Boëtie, qui honorera tout le reste de » cette besoigne. C'est un discours auquel il donna » nom, *la Servitude volontaire* : mais ceux qui l'ont » ignoré l'ont bien proprement rebatisé, *le Contre-» un.* Il l'escrivit par manière d'essay, en sa pre-

» mière jeunesse, à l'honneur de la liberté contre lés
» tyrans. Il court pieça ès mains des gens d'entende-
» ment, non sans bien grande et meritée recomman-
» dation , car il est gentil , et plein qu'il est possi-
» ble (1). »

Cet écrit fort court a été joint à quelques éditions
de Montaigne, mais nous ne sachons point qu'on
l'ait jamais imprimé séparément; ce qui peut expliquer pourquoi il est demeuré beaucoup moins connu
qu'il ne nous semble mériter de l'être. Il appartient à
une époque où, récemment sortis de la longue enfance du moyen-âge et bouillonnant de l'ardeur d'une
jeunesse vigoureuse, les peuples s'essayoient, comme
l'aiglon dans son aire, à prendre leur vol. Les arts
jetoient un vif éclat et la science alloit naître. Elle
apparoissoit à l'horizon telle que l'aube d'un jour
splendide. Le siècle du Pérugin et de Michel-Ange
préparoit les siècles de Galilée, de Descartes et de
Newton, et ce travail extérieur en recouvroit un autre plus profond qui s'accomplissoit sourdement dans
les entrailles mêmes de la société. Portant un regard
scrutateur sur les opinions, les institutions, et aux
maximes conventionnelles à l'aide desquelles on
avoit cherché à autoriser les faits substituant l'idée

____

(1) *Essais*, liv. I, chap. XXVII.

immuable du droit, l'esprit humain commençoit à se demander si ce que le temps avoit établi étoit bien ce qui devoit être, ce que légitimoient la justice, la raison, la conscience ; question pleine de tempêtes, et qui devoit tôt ou tard changer la face du monde. Le sentiment de la liberté se développoit au fond des âmes : et si les disputes de religion n'étoient pas venues le détourner de son cours ; si, en dehors de toute contention, il s'étoit allié au principe chrétien et identifié avec lui, nous ne doutons pas que l'Europe n'eût fait alors dans l'ordre politique des progrès pour le moins aussi rapides que ceux qui s'opérèrent dans des ordres différens. L'intérêt des princes, des classes et des corporations, pour qui le peuple étoit une sorte de propriété commune qu'exploitoient leur orgueil et leur avarice, empêcha ce mouvement régénérateur, inconciliable avec les prérogatives exorbitantes que s'attribuoit la souveraineté partout plus ou moins absolue, et avec la hiérarchie de priviléges dont se composoit depuis long-temps l'organisation sociale. Pour démolir ce vieil édifice, il fallut que dix générations s'usassent au travail ; et ce travail est loin d'être achevé. Le peuple, en plusieurs pays, a fait d'importantes conquêtes : mais que de combats n'a-t-il pas sans cesse à soutenir pour les conserver ! Là même où son affranchissement est le plus avancé, il traîne encore une partie de ses liens qu'incessamment le despotisme s'efforce de ressaisir et de renouer. Il semble que la lutte de la tyrannie et de [la liberté doive être immortelle sur la terre ; et c'est pourquoi les âmes les plus fermes ont souvent besoin d'une parole sympathique qui les ranime, pour ne point défaillir dans la défense des sacrés droits de l'humanité. L'ouvrage d'Étienne de La Boëtie nous a paru propre à remplir ce but. Une chaleur vraie, une éloquence de persuasion sans aucune emphase, des pensées quelquefois profondes, un rare esprit d'observation, une sagacité pénétrante qui résume en quelques traits principaux l'histoire si variée dans ses détails des oppresseurs de tous les temps, telles sont les qualités, peu ordinaires sans doute, qui distinguent le livre presque oublié que nous publions de nouveau.

On y reconnoît d'un bout à l'autre l'inspiration de deux sentimens qui dominent constamment l'auteur : l'amour de la justice et l'amour des hommes ; et sa haine pour le despotisme n'est encore que cet amour même. Il montre d'abord que la servitude dans laquelle gémit une nation a toujours cela d'étrange que, pour en être délivré, il suffiroit de ne pas s'en rendre complice, de ne pas fournir au tyran les moyens de la perpétuer : car c'est avec le secours

qu'on lui prête, avec l'argent, avec la force de chaque individu pris à part, qu'il les asservit tous. Lorsqu'un peuple a ainsi forgé ses propres chaînes, alors il
se lamente dans sa bassesse et dans sa misère; il voudroit se relever de sa dégradation, et il ne le peut
plus : la rouille de l'esclavage a usé les ressorts de sa
vie, il se trémousse en vain sous les fers qui l'écrasent.
« Les lâches et engourdis ne savent ni endurer le
» mal, ni recouvrer le bien. » Une nation tombée en
cet état n'est plus à elle-même ; elle appartient au
maître à qui elle s'est donnée. Il en dispose comme il
lui plaît : plus de propriété assurée, plus même de famille. « Vous nourrissez vos enfans, afin qu'il les
» meine, pour le mieux qu'il leur face, en ses guerres,
» qu'il les meine à la boucherie, qu'il les face les
» ministres de ses convoitises, les exécuteurs de ses
» vengeances. » Il prend quelques-uns des plus robustes, il les arme, les discipline; puis, au besoin, il
leur commande de tuer leurs pères, leurs frères, leurs
mères, leurs sœurs, et ils tuent. Cela s'est vu toujours.

Cherchant ensuite quelle est la base de toute vraie
société, La Boëtie la trouve dans l'égalité native des
hommes: égalité de droits proclamée nettement pour
la première fois dans l'Évangile, et qui « n'empêche

» pas que la Nature, ministre de Dieu, en faisant le
» partage des présens qu'elle nous donnoit, n'ait fait
» quelques avantages de son bien, soit au corps ou à
» l'esprit, aux uns plus qu'aux autres;... voulant
» par là faire place à la fraternelle affection, afin
» qu'elle eust où s'employer, ayans les uns puissance
» de donner aide, et les autres besoin d'en recevoir. »
Et puisque nous naissons tous égaux, « il ne faut pas
» faire doute que nous ne soyons tous naturellement
» libres : et ne peut tomber en l'entendement de per-
» sonne, que Nature ait mis aucun en servitude,
» nous ayant tous mis en compagnie. »

Opposée à la nature, la servitude est donc opposée
au droit. Le droit c'est la liberté voulue par la Cause
suprême qui n'a pas créé l'homme dans le servage
de l'homme, et là où la liberté n'existe point on vit
sous un régime tyrannique. Or « il y a trois sortes
» de tyrans. Les uns ont le royaume par l'élection du
» peuple, les autres par la force des armes, les autres
» par la succession de leur race. Ceux qui l'ont
» acquis par le droit de la guerre, ils s'y portent ainsi
» qu'on connoist bien qu'ils sont, comme on dit, en
» terre de conquête. Ceux qui naissent roys, ne sont
» pas communément guères meilleurs : ains estans
» nais et nourris dans le sang de la tyrannie, tirent

» avec le laict la nature du tyran ; et font estat des
» peuples qui sont sous eux, comme de leurs serfs
» héréditaires : et selon la complexion en laquelle ils
» sont plus enclins, avares ou prodigues, tels qu'ils
» sont, ils font du royaume comme de leur héritage.
» Celui à qui le peuple a donné l'Estat, devroit être
» (ce me semble) plus supportable : et le seroit,
» comme je croy, n'estoit que dèslors qu'il se void
» eslevé par dessus les autres en ce lieu, flatté par je
» ne sçay quoy qu'on appelle la *grandeur*, il délibère
» de n'en bouger point. Communément celuy-là fait
» estat de la puissance que le peuple luy a baillée, de
» la rendre à ses enfans. Or dèslors que ceux-là ont
» prins ceste opinion, c'est chose estrange de combien
» ils passent en toutes sortes de vices, et mesmes en
» la cruauté, les autres tyrans. Ils ne voyent autre
» moyen pour assurer la nouvelle tyrannie, que
» d'estendre fort la servitude, et estranger tant les
» sujets de la liberté, encores que la mémoire en soit
» fresche, qu'ils la leur puissent faire perdre. Ainsi,
» pour en dire la vérité, je voy bien qu'il y a entre
» eux quelque différence, mais de choix je n'en voy
» point : et estant les moyens de venir au règne di-
» vers, toujours la façon de regner est quasi sem-
» blable. Les esleus, comme s'ils avoyent prins des
» taureaux à domter, les traittent ainsi : les conqué-

» rans pensent en avoir droit comme de leur proye ;
» les successeurs, d'en faire ainsi que de leurs na-
» turels esclaves. »

Après avoir ainsi décrit les trois espèces principales de ce genre monstrueux appelé tyrannie, il explique par quels moyens les tyrans essaient de se maintenir. Et d'abord ils isolent les hommes, afin de prévenir tout concert entre eux. Ils les empêchent de s'associer et même de se réunir, interdisant avec grand soin la communication naturelle des esprits par la parole soit orale, soit écrite. De la sorte, « ceux qui ont gardé
» malgré le temps la dévotion à la Franchise, pour si
» grand nombre qu'il y en ait, en demeure sans effect,
» pour ne s'entre-conoistre point. La liberté leur est
» toute ostée de faire et de parler, et quasi de penser.
» Ils demeurent tous singuliers en leurs fantasies. »

Un autre instrument de servitude est la corruption. Les tyrans *efféminent leurs hommes,* et tâchent d'é-tourdir la multitude et de l'énerver par des spectacles, des jeux, des fêtes propres à amollir les mœurs, sans parler de la protection qu'ils accordent à leur dé-pravation directe. « Ainsi les peuples assottis, trouvant
» beaux ces passe-temps, amusés d'un vain plaisir qui
» leur passe devant les yeux, s'accoustument à servir

» aussi niaisement, mais plus mal, que les petits
» enfans, qui pour voir les luisans images de livres
» illuminés, apprennent à lire. » Les nations, au
contraire, exemptes du joug d'un maître, se recon-
noissent au mâle caractère de leurs divertissemens
publics, destinés eux aussi à former les citoyens, à
leur faire aimer la patrie, à les exercer à la défendre.
Le théâtre et les chants populaires indiquent autant
que les lois, et quelquefois mieux, sous quel genre
de gouvernement vit un pays; s'il est libre, ou s'il est
esclave.

La Boëtie fait remarquer ensuite une autre ruse de
la tyrannie, qui est de *se mettre la religion devant pour
garde-corps*. « A-t-il jamais esté que les tyrans, pour
» s'asseurer, n'ayent toujours tasché d'accoustumer
» le peuple envers eux, non pas seulement à l'obeïs-
» sance et servitude, mais encores à devotion? »
Qu'on se rappelle ici le catéchisme publié par le czar
Nicolas et les enseignemens qu'il contient, non seulement sur la soumission, l'amour, le dévouement
aveugle, mais encore sur le *culte dû à l'autocrate*,
l'on verra si les traditions du despotisme se perdent
jamais, s'il n'est pas toujours également prêt à abuser
de ce qu'il y a de plus saint, pour s'en faire un moyen
exécrable de domination. C'est là, sans aucun doute,

une des causes qui ont le plus altéré le sens moral, en affoiblissant la foi religieuse parmi les hommes. On la leur a rendue au moins suspecte en l'identifiant avec la servitude. Parce que l'ordre est nécessaire dans la société, on en a conclu qu'un étoit entre tous choisi de Dieu pour le maintenir; et qu'une fois établi, quel qu'il fût et quoi qu'il fît, lui résister c'étoit résister à Dieu même : doctrine athée, dont l'inévitable effet est de conduire les peuples au dernier degré de l'abrutissement ou de l'impiété, et ordinairement de l'un et de l'autre.

« Que celui qui veut être le premier entre tous, » soit le serviteur de tous. » Cette parole, *qui ne passera point*, a désormais été comprise, et, quoi qu'on fasse, elle sera le fondement de la société future. Toute doctrine opposée rentrera dans l'enfer d'où elle est sortie.

L'isolement, le silence, la corruption, une fausse idée du devoir religieux qui trompe et intimide la conscience, tels sont les principaux moyens qu'emploient les tyrans pour tenir les peuples sous leur sujétion. Ils y emploient aussi la force brutale, s'entourant de satellites qui veillent à leur défense, exécutent leurs commandemens, répandent la terreur qui prévient l'insurrection , ou l'étouffent dans le sang. De là les armées permanentes, indispensables à tous les despotes, et à qui les nations modernes doivent la ruine de leurs finances ; car la même nécessité qui a obligé à les créer, oblige à les augmenter toujours. Seules, elles seroient cependant de peu de secours à ceux dont elles sont destinées à soutenir la puissance ; car, outre qu'ils n'en peuvent jamais être parfaitement sûrs, parce qu'elles aussi ont à supporter le poids du despotisme et ses insolens caprices, la plus grande force matérielle est en définitive toujours celle du peuple. Il est donc nécessaire qu'ils cherchent un autre appui ; que dans la société générale ils organisent une société particulière à qui profite l'oppression de celle-là, et qui ait dès lors le même intérêt que le despote à la perpétuer.

« Qui pense, dit à ce sujet La Boëtie, que les halle-
» bardes des gardes, l'assiette du guet, garde les ty-
» rans, à mon jugement se trompe fort.... On ne le
» croira pas du premier coup : toutesfois il est vray.
» Ce sont toujours quatre ou cinq qui maintiennent le
» tyran, quatre ou cinq qui lui tiennent le pays tout
» en servage. Toujours il a esté que cinq ou six ont
» eu l'oreille du tyran, et s'y sont approchez d'eux-
» mêmes, ou bien ont été appellez par luy, pour estre

» les complices de ses cruautez, les compagnons de
» ses plaisirs, et communs au bien de ses pilleries. Ces
» six addressent si bien leur chef, qu'il faut pour la
» société qu'il soit meschant, non pas seulement de
» ses meschancetez, mais encores des leurs. Ces six
» ont six cens qui profitent sous eux, et font de leurs
» six eens ce que les six font au tyran. Ces six cens
» tiennent sous eux six mille qu'ils ont eslevez en
» estat, ausquels ils ont fait donner, ou le gouver-
» nement des provinces, ou le maniement des déniers,
» afin qu'ils tiennent la main à leur avarice et cruauté,
» et qu'ils l'executent quand il sera temps, et facent
» tant de mal d'ailleurs, qu'ils ne puissent durer que
» sous leur ombre, ni s'exempter que par leur moyen
» des loix et de la peine. Grande est la suyte qui vient
» aprés de cela. Et qui voudra s'amuser à devuyder
» ce filet, il verra que non pas les six mille, mais les
» cent mille, les millions, par cette corde tiennent au
» tyran.... Tout le mauvais, toute la lie du royaume,
» je ne dis pas un tas de larronneaux et d'essorillez,
» qui ne peuvent guères faire mal ny bien en une Re-
» publique : mais ceux qui sont taxez d'une ardente
» ambition et d'une notable avarice, s'amassent autour
» de luy, et le soustiennent pour avoir part au butin,
» et estre sous le grand tyran, tyranneaux eux-mê-
» mes.... En somme l'on en vient là par les faveurs,

» par les gains, ou regains que l'on a avec les tyrans,
» qu'il se trouve quasi autant de gens à qui la ty-
» rannie semble être profitable, comme de ceux à qui
» la liberté seroit agréable…. Ainsi le tyran asservit
» les sujets les uns par le moyen des autres, et est
» gardé par ceux desquels, s'ils valoient rien, il se
» devroit garder….. Il n'est pas qu'eux-mesmes ne
» souffrent quelquefois de luy ; mais ces perdus, ces
» abandonnez de Dieu et des hommes, sont contents
» d'endurer du mal pour en faire, non pas à celuy
» qui leur en fait, mais à ceux qui en endurent comme
» eux, et qui n'en peuvent mais. »

On sera, je crois, frappé de la justesse de ces observations, où, sous la naïveté du langage, se décèle
un esprit si pénétrant. C'est, en quelques pages, l'histoire complète de la tyrannie : car, si les noms et les
formes changent, le fonds ne change point ; il se représente invariablement le même à toutes les époques, dans tous les pays.

Après avoir vu par quels expédiens la tyrannie
essaie de se maintenir, et peut réussir en effet, selon
les circonstances, à se maintenir plus ou moins long-
temps, il sera peut-être curieux de rechercher
quelles chances de durée elle auroit, s'il arrivoit

qu'elle s'établît aujourd'hui en Europe, dans une de ses contrées les plus civilisées. Pour cela éxaminons l'effet que produiroit probablement chacun des moyens spécifiés par Étienne de La Boëtie.

Il n'est pas douteux que, poussé par la crainte des complots qui tourmentent sans relâche les gouvernemens despotiques, celui que nous supposons ne cherchât à isoler les uns des autres le plus possible les citoyens, et que toute réunion, toute association ne fût rigoureusement interdite : tant il est vrai qu'on ne peut détruire la liberté sans combattre la nature qui porte d'elle-même les êtres doués d'intelligence à s'associer. Mais comment, à moins d'interrompre toutes les relations sociales, empêcher les hommes de s'entretenir en des lieux, à des jours convenus, de leurs intérêts, de leurs vœux, de leurs espérances; de s'assembler même en nombre suffisant pour concerter une action commune, s'ils le veulent? Rien en cela qui exige d'organisation spéciale; et si l'on en jugeoit une nécessaire, la loi qui la prohibe ne réussiroit qu'à la rendre secrète et d'autant plus forte qu'elle y attacheroit plus de danger. Un Rutli se trouveroit toujours pour entendre les sermens de ceux que leur cœur presseroit de se dévouer à la délivrance de la patrie. La vigilance de Constantin et

les horribles cruautés de ce monstre prévinrent-elles
la conjuration de Varsovie et le soulèvement de la
Pologne? En général le despotisme se trompe étran-
gement sur la puissance qu'il est enclin à attribuer
aux peines. Les législations atroces créent des mœurs
atroces, et voilà tout. Si elles intimident les foibles,
elles irritent et provoquent les âmes énergiques; car
le péril aussi a je ne sais quoi qui tente. Elles font
surtout qu'on ne s'arrête plus aux pensées modérées,
et qu'on se porte d'abord aux résolutions extrêmes.
La grande facilité des communications qui multiplie
tous les rapports et par là même rend impossible de
les surveiller, permettroit aux mécontens de s'entendre rapidement d'un bout du pays à l'autre. Ils se
seroient bientôt connus et unis, sans que leur union
offrît un caractère assez matériel pour que la violence pût l'atteindre. On compte à cet égard sur la
police : autre illusion. Lorsque chacun est sur ses
gardes, lorsqu'aucune des ruses, aucun des piéges
infâmes de l'espionnage n'est ignoré de personne, la
police a beau jeter ses filets, elle n'en retire guère
que quelques gens simples et quelques imprudens.
Or ce ne sont pas d'ordinaire ceux-là qui font les
révolutions. Les révolutions se font par le peuple, et
toute action du peuple est imprévue parce qu'elle est
soudaine. Quelques milliers de mouchards de plus

17.

auroient-ils sauvé en 89 la vieille monarchie, et la monarchie restaurée en 1830 ?

De ces considérations il résulte que, dans l'état actuel de la société européenne, le despotisme s'efforceroit en vain d'isoler les hommes pour les asservir, et que les entraves apportées au droit naturel d'association, les interdictions qui le frapperoient, les peines sévères qui sanctionneroient ces interdictions, loin d'affermir la tyrannie, contribueroient à hâter sa chute, parce que le droit attaqué étant le droit de tous, droit d'ailleurs aujourd'hui indispensable à la vie des peuples, tous réagiroient instinctivement contre le pouvoir inique qui les en auroit dépouillés.

L'histoire n'offre aucun exemple d'un homme ou d'une classe d'hommes qui, voulant établir sa domination sur des bases durables, n'ait senti la nécessité de se rendre maître des esprits pour l'être de tout le reste. Qui obéit, s'il ne croit pas de son devoir d'obéir, obéit mal et n'obéit pas long-temps. Il est donc de l'essence du despotisme, sous quelque forme qu'il se produise, de chercher à diriger et à réglémenter la pensée ; et comme elle lui échappe toujours, il faut qu'il restreigne sa liberté en des bornes toujours plus étroites, ce qui, par une pente irrésistible, le conduit à la détruire complètement. Mais ne pouvant atteindre la pensée en elle-même, il la poursuit dans son expression, dans sa manifestation extérieure, c'est-à-dire dans la parole et, là où elle existe, dans la presse, qui n'est que la parole dilatée et multipliée. Ainsi l'oppression de la presse est tout ensemble et un besoin de la tyrannie et un indice certain de tyrannie. Elle ressemble à ces plantes souterraines qui ne végètent que dans les ténèbres. Or, si une semblable tyrannie apparoissoit à l'époque présente chez un peuple civilisé, il arriveroit infailliblement deux choses. Quelque apparente facilité qu'elle trouvât d'abord à ses mesures oppressives, elles ne tarderoient pas à se montrer vaines, en même temps qu'elles détermineroient une irritation sans cesse croissante ; car le prétexte dont elle auroit usé, prétexte d'ordinaire relatif à quelque circonstance passagère, perdroit chaque jour de sa valeur, et chaque jour aussi les esprits tenus en état de suspicion permanente sentiroient davantage la gêne et l'ignominie de la servitude à laquelle ils seroient condamnés.

Depuis la découverte de l'imprimerie il est devenu aussi impossible d'arrêter, pour la masse des hommes, la diffusion de la lumière intellectuelle, que celle de la lumière physique. L'unique effet des prohibitions légales est, d'une part, d'obliger les écrivains à modifier, non pas le fond des idées, mais les formes de l'expression, et ils n'en sont que mieux entendus, parce qu'on leur prête une attention plus curieuse et plus vive; et, d'une autre part, à substituer à la circulation publique des écrits une circulation clandestine presque toujours bien autrement active. Plus les peines sont sévères, moins elles peuvent, hors des cas très rares, être appliquées rigoureusement, et plus sont grands les bénéfices de la contrebande littéraire. Le despotisme a donc à lutter contre le courage des convictions fortes et contre la cupidité mercantile, aidées l'une et l'autre de la faveur qui s'attache constamment aux opinions persécutées. Que se propose-t-il d'ailleurs? D'accréditer certaines maximes utiles à ses intérêts, et de ruiner tout principe contraire. Or interdire la discussion d'une doctrine quelconque, c'en est assez pour faire naître en tous la juste persuasion que ceux qui défendent de la discuter sont intérieurement convaincus qu'elle ne sauroit soutenir l'examen, et n'ont aucune foi en sa vérité. Le soin même que l'on prend d'empêcher qu'on ne l'attaque, établit donc contre elle un préjugé universel légitimement fondé. Le prétendu droit d'un pouvoir incapable de se maintenir qu'en étouf-

fant la raison humaine, devient une monstruosité qui
révolte. Que si, de plus, l'interdiction porte sur des
sujets traités déjà dans de nombreux écrits, et quel
sujet n'a-t-on pas traité, discuté en tous sens depuis
un siècle? sur des sujets intimement liés à la vie présente des peuples européens, on réimprimera ces anciens écrits dont chacun fera l'application; on jettera
un voile sur sa pensée, voile transparent à travers
lequel elle apparoîtra claire et lumineuse à l'œil at-
tentif qui la cherche : et quand on voudra s'exempter de cette gêne, attaquer le front haut et combattre
corps à corps la tyrannie, toujours on trouvera le
moyen de publier dans un pays ce qui ne pourra l'être
dans un autre; car l'oppression ne sauroit jamais
peser également partout à la fois. Cependant cette
oppression sans cesse aggravée excitera une telle
haine que le pouvoir, pour sa défense, sera forcé de
se précipiter dans les derniers excès. Bientôt après
le sol tremblera; on entendra un bruit sourd, confus, puis un autre bruit comme d'une pierre qui
tombe : ce sera la pierre qui scelle le sépulcre du tyran.

Chez les anciens où l'esclavage étoit le sort ordinaire du pauvre, c'est-à-dire des quatre cinquièmes
de la population, le despotisme pouvoit essayer d'a-

mollir et d'efféminer par les plaisirs, les jeux, les spectacles, les hommes de condition libre, pour les rendre plus dociles au joug. Ce fut aussi, durant une partie du moyen-âge, la politique de quelques États : et aujourd'hui même qui ne sait combien, par un motif semblable, l'Autriche favorise, dans plusieurs de ses possessions, le déréglement des mœurs? Toutefois, grâces au christianisme et aux mille changemens survenus dans la société, il ne sauroit exister désormais rien de comparable à ces énormes corruptions antiques qu'à peine même concevons-nous un peu sur les récits épars qui nous en sont restés. Nul pouvoir ne sauroit maintenant entretenir un peuple entier dans l'oisiveté, amuser ses loisirs, satisfaire ses vices. Qu'est-ce que des mâts de cocagne et quelques cervelas roulant une fois l'année dans la boue, près des fêtes de la Grèce et des spectacles en quelque sorte permanens des Romains? De nos jours les gouvernemens ne peuvent s'occuper que des plaisirs des classes aisées, et encore seulement dans les capitales, et principalement pour empêcher que les théâtres surtout ne deviennent un moyen de ranimer l'esprit public, ou une occasion de manifester les secrets sentimens des cœurs. Le despotisme ne trouve donc là que des ressources bien foibles, s'il y en trouve aucunes.

La religion lui en offre de plus réelles en apparence. Qu'il parvînt en effet à tromper la conscience des peuples, à leur persuader qu'il représente Dieu, et qu'en conséquence ils lui doivent une soumission pareille à celle due à Dieu même, il n'est pas douteux que cette croyance ne servît merveilleusement et plus que tout le reste à l'affermir. L'antiquité présente nombre d'exemples de dominations établies sur cette base. Cependant on les voit toutes finir par l'abus de la puissance qui, en se corrompant, cesse d'être reconnue divine en celui qui l'exerce. On ne réussit jamais bien long-temps à rendre Dieu complice de la tyrannie.

Il pourroit arriver qu'elle recourût au même moyen chez les nations chrétiennes. Il y auroit peu à s'en inquiéter pour la liberté, mais beaucoup pour la religion que prostitueroient des hommes séduits, ou aveuglés. Ou les peuples se détacheroient d'elle, s'ils la croyoient incompatible avec les droits fondamentaux de l'humanité : ou si, plus heureusement pour eux et avec plus de raison, ils ne voyoient dans le criminel usage qu'on s'efforceroit d'en faire qu'un abus sacrilége, ils prendroient en détestation les profanateurs de sa sainteté et de sa vérité ; et si ce sentiment devenoit général, on toucheroit à l'une de ces grandes époques où tout se renouvelle à la fois dans le monde. Le christianisme est essentiellement une religion affranchissante, favorable à tous les progrès. Se servir de lui pour les arrêter, ce seroit donc l'opposer à lui-même : contradiction funeste dans ses effets immédiats, mais dont la providence tireroit, comme toujours, un immense bien, par la séparation qui dégageroit le principe pur chrétien de ce qui l'altéroit momentanément.

Il n'est aucune puissance supérieure ou égale à celle du clergé, lorsque, pénétré du génie d'un peuple, il le guide fidèlement, selon les lois qui président au développement général, dans ses voies naturelles. Mais si, soit erreur, soit intérêt, il vient à contrarier ces lois impérissables; s'il essaie de retenir le peuple dans un état que le peuple a reconnu mauvais, de lui fermer le chemin de l'avenir : alors il perd toute sa puissance; on se méfie de sa parole, on l'enveloppe dans la haine qu'inspire le mal qu'il veut perpétuer, on le traite enfin en ennemi. Il vïvoit de l'amour qu'on lui rendoit en échange du sien, de la foi qu'on avoit en lui; la foi et l'amour éteints, il meurt, et des voix de dérision et de malédiction sont les seuls chants qui accompagnent son convoi déshonoré.

L'Irlande et la Pologne ont jusqu'ici offert l'exemple d'un clergé fort par son union avec le peuple dont il a constamment défendu les droits. Mais là où le prêtre s'allie avec le despotisme contre le peuple, qu'est-il? que peut-il? Le clergé anglican sauvera-t-il l'aristocratie usée que la nation repousse? Les moines espagnols replaceront-ils don Carlos le légitime sur le trône de Philippe II? rétabliront-ils le système sous lequel l'Espagne a tant souffert, est tant déchue? Et cependant en quel pays l'influence propre de leur institution fut-elle jamais plus étendue? Hier encore on disoit l'*Espagne monacale*, et demain peut-être on chercheroit vainement, d'un bout à l'autre de la Péninsule, un de ces hommes naguère si puissans.

A cette époque donc, nulle crainte que le ressort religieux puisse devenir, au sein de l'Europe civilisée, un instrument de servitude. Il se briseroit plutôt dans la main qui l'emploieroit à cet infernal usage. Aussi verroit-on la tyrannie recourir avec plus de confiance à la force matérielle. Gênée par les lois protectrices de la sécurité individuelle, elle les aboliroit successivement jussqu'à la dernière, et confieroit ensuite sa propre sécurité à des juges vendus et à des baïonnettes stipendiées. Mais ces juges, dépourvus d'autorité morale, pourroient exercer des vengeances, infliger des peines, ordonner des supplices; ils ne rendroient pas

la justice, et la justice en se retirant laisseroit un gouf-
fre où le pouvoir qui l'auroit bannie de la société s'a-
bîmeroit bientôt.

Ses armées ne le garderoient pas mieux, maintenant qu'on ne peut plus, comme à l'origine des sociétés européennes, leur livrer des pays entiers pour
en faire leur proie. Il est vrai néanmoins que chez les
nations mêmes sous tous les autres rapports sorties de
la barbarie il subsiste un reste de préjugé qui range
le soldat sous la dépendance presque aveugle du chef
politique quel qu'il soit. Il n'a pas encore parfaitement
appris à distinguer l'obéissance passive de la brute,
de la discipline militaire dont le plus simple bon sens
reconnoît l'indispensable nécessité. Toutefois les armées nombreuses d'aujourd'hui recrutées parmi le
peuple, et, quelque soin qu'on prenne pour les isoler
de lui, en communication habituelle avec le peuple,
ont cessé d'être étrangères à l'esprit public. Si, dans
l'idée qu'elles se font d'elles-mêmes, elles n'appartiennent pas assez exclusivement à la patrie qu'elles doivent défendre à l'intérieur et à l'extérieur, du moins
ne sont-elles plus tellement inféodées à un ou plusieurs, qu'en toutes circonstances ils puissent en disposer selon leur caprice et leur intérêt. Il y a dans
l'oppression, outre son poids écrasant, une honte

qu'elles sentent, et dont elles ne veulent pas plus que le reste des citoyens supporter l'humiliation. Cela s'est bien vu partout où a éclaté un mouvement vraiment national, et cela se voit encore par l'attention des gouvernemens absolus soit à éloigner le plus possible chaque soldat de son pays natal, soit à fomenter entre l'armée entière et les citoyens de déplorables divisions sur lesquelles ils fondent leur sûreté. Aucun d'eux néanmoins ne parviendra désormais à former un corps, tel qu'ils en auroient besoin, d'hommes totalement en dehors de la civilisation, sans liens de famille ni de patrie, sans pensées, sans volonté, indifférens au bien, au mal, à la liberté comme à l'esclavage du peuple ; d'hommes-machines ayant, au lieu d'âme, une sorte d'instinct animal, et destinés seulement à garder le troupeau du maître. Plus, au contraire, l'esprit qui préside à la société moderne se développera, et rien n'en sauroit arrêter le développement voulu de Dieu, plus le soldat deviendra citoyen. Laissez donc les despotes compter leurs baïonnettes : ce n'est pas, croyez-moi, leur force qu'ils supputent, c'est la nôtre.

Toujours en soupçon de l'armée qui pourroit lui faillir à l'instant critique, la tyrannie chercheroit un plus sûr appui dans la corruption. Aidée et poussée par ces *cinq ou six* dont parle La Boëtie, elle créeroit certaines classes privilégiées qui, seules investies des droits politiques, partageroient avec elle les avantages attachés au pouvoir : pouvoir absolu, puisqu'il seroit, sous quelque forme qu'il s'exerçât, dépourvu de contrôle efficace et réel. Deux ou trois cent mille individus ainsi choisis constitueroient dans la nation une autre nation, une aristocratie dominatrice organisée pour contenir le peuple et pour l'exploiter. De concert avec le despote, ils feroient seuls les lois, et les feroient à son profit et au leur. Pour eux tous les emplois, toutes les charges, toutes les commissions lucratives, *le gouvernement des provinces, le maniement des déniers.* Disposant du crédit et de la fortune publique, maîtres de l'administration civile et judiciaire, tout leur seroit matière à spéculation et moyen de richesse. Aussi quel dévouement à la tyrannie qui les auroit rendus *communs au bien de ses pilleries !* ils ne la croiroient jamais, ni eux avec elle, assez à l'abri de ce qui subsisteroit d'esprit de liberté dans la nation. Leur pensée du jour et de la nuit seroit de l'étouffer dans la boue de leur législation infâme, infâme par son but, infâme par la bassesse de ses ruses hypocrites. Mais *ces perdus, ces abandonnez de Dieu et des hommes,* réussiroient-ils à fonder solidement leur despotisme et celui de leur maître ? Assurément non. La masse du peuple, insouciante en apparence et comme assoupie de lassitude après les combats précédens, se réveilleroit irritée et terrible. Elle ne supporteroit pas long-temps l'opprobre du joug qu'on lui auroit imposé en la trompant. Des millions d'hommes privés des franchises consacrées désormais par le droit public de toutes les nations libres, ne consentiroient certes point à y renoncer pour toujours, à les abdiquer au profit d'une caste supérieure dont ils seroient, eux et leurs enfans, le patrimoine incommutable. A aucun prix ils n'accepteroient, sur le sol de la patrie, au milieu de la lumière qui a éclairé l'homme sur sa dignité, la condition de parias. Le despotisme le sentiroit, et dans son effroi il se livreroit au mauvais démon qui inspire, vers le temps de leur chute, les pouvoirs iniques que le ciel a condamnés. Il diroit à ceux qu'il opprime : Je sais que de l'amour, je ne puis vous en demander ; mais j'ai pour moi une autre puissance : celle de l'intimidation, de la peur. Tremblez donc ; car c'est là mon Dieu, et, je l'ai résolu en moi-même, vous vous prosternerez devant lui.

Mais les exécrables insensés que séduiroient ces visions de bourreau, ces rêves de tigre à face humaine, dormiroient mal sur les ossemens de leurs pieuses victimes. Le fantôme qu'ils auroient, dans leurs secrètes angoisses, évoqué de l'enfer, leur apparoîtroit pendant

le sommeil, et de son doigt glacé il leur montreroit
tout près d'eux l'inexorable JUSTICE, qu'on n'intimide
point, et à qui aucun crime n'échappe.

La terreur a régné en Europe il y a quarante ans.
Il seroit curieux de voir aujourd'hui sur une couronne le bonnet rouge de Marat.

Ce qui perd toutes les tyrannies, ce qui les perdroit
en ce temps plus vite qu'en aucun autre, c'est l'impossibilité où elles sont de s'arrêter dans leurs voies.
Quelque chose de fatal les entraîne, une nécessité en
engendre une autre ; de sorte que, forcées d'appe-
santir toujours plus l'oppression, de s'enfoncer toujours plus dans le mal, elles rencontrent enfin une
autre nécessité supérieure à celle qui les pousse, l'invincible nécessité des lois qui régissent la nature
humaine. Arrivées là, nul moyen d'avancer ni de
retourner en arrière ; et le passé les écrase contre
l'avenir.

Si l'humanité tournoit dans un cercle, les hommes
méchans pourroient espérer de reproduire à leur bé-
néfice ce qui fut déjà. Leur crime seroit toujours
crime, mais il ne seroit plus sottise. Il leur seroit
possible de recueillir quelque fruit de leur perversité,

d'affermir leur puissance, de prolonger indéfiniment la servitude et la misère des peuples. Dieu n'a pas permis qu'il en fût ainsi. Il a soumis l'humanité à une loi de progression, qui n'est que la loi même du développement de la liberté essentielle à tous les êtres intelligens. A mesure qu'ils savent davantage et qu'ils conçoivent mieux, la notion du droit fondamentalement invariable, se modifie en eux, non parce qu'elle change, mais parce qu'elle s'éclaircit et s'étend. Or la force ne sauroit jamais prévaloir contre un droit connu; elle le combat vainement, le droit la dompte toujours : car le droit c'est la force suprême, l'irrésistible fatalité des êtres libres et doués de raison.

Cependant la connoissance et le sentiment d'un droit auparavant obscur ou ignoré, ne deviennent pas universels instantanément : tous ne participent pas à la fois aux progrès successifs de l'humanité. Ce que les uns voient maintenant avec clarté, d'autres ne le voient pas encore, ou ne le voient que confusément ; et lorsque la modification qui s'opère dans la notion du droit est profonde, il en résulte une de ces époques indécises qu'on appelle de transition, où, la vieille idée luttant contre la nouvelle, ce qui étoit ne peut plus subsister, et ce qui sera ne peut être encore. Mais peu à peu les ténèbres reculent, la lumière devient plus intense et l'unité se rétablit, unité de raison et unité sociale, car la société n'est que l'expression de l'état général des intelligences dans un pays et dans un temps donné. Tout effort pour constituer une société opposée dans ses bases à ce que le peuple conçoit comme droit est donc la plus folle des entreprises et la plus criminelle : la plus folle, puisqu'il faudroit, pour qu'elle réussît, que les lois immuables de l'humanité fussent renversées ; la plus criminelle, puisqu'elle implique l'engagement de les renverser, et dès-lors produit nécessairement d'horribles maux, des désastres dont nul ne sauroit prévoir l'étendue ni le terme.

Lorsque ceci arrive, il y a un moment où certains hommes honnêtes au fond et animés d'intentions droites se font de bonne foi les auxiliaires de la tyrannie. Leur esprit, trop foible pour comprendre ce qui se passe autour d'eux, s'émeut de je ne sais quelle crainte vague. Parce que le monde se déplace, ils se figurent qu'il va crouler. Vous ne les entendrez pas justifier le mal, mais accuser le bien. L'établissement d'un ordre social quelconque impliquant la destruction d'un ordre précédent, ils ne voient que cette dernière dans les changemens à opérer, et ils appellen désordre toute tentative d'organiser le seul ordre actuellement possible. Ceux-ci ne sont pas la hache qui frappe, mais le manche sans lequel la hache ne frapperoit pas. Impuissans à consolider ce que rien ne sàuroit maintenir, ils entravent tout ce qui auroit des conditions de durée : espèce de juste-milieu entre la vie et la mort, où se complaisent ces conservateurs qui, à leur insu, ne conservent que l'anarchie.

Pour vous qui avez foi aux destinées du genre humain, prenez courage; l'avenir ne vous faillira point. Vous serez persécutés, tourmentés, mais jamais vaincus. Toute grande cause pour triompher exige de grands sacrifices. Il est nécessaire que la liberté ait ses confesseurs, ses martyrs; que pour elle quelques-uns descendent dans les cachots, et que d'autres s'en aillent, pauvres exilés, redire son saint nom aux échos des contrées lointaines :

Libertà va *cantando*, che è si cara
Come sa chi per lei vita rifiuta.

18.

DE LA

SERVITUDE VOLONTAIRE

OU

LE CONTR'UN.

(1) D'avoir plusieurs seigneurs aucun bien je ne voy :
Qu'un sans plus soit le maistre , et qu'un seul soit le roy,

ce dit Ulysse en Homere, parlant en public. S'il n'eust dit, sinon

D'avoir plusieurs seigneurs aucun bien je ne voy :

cela estoit tant bien dit que rien plus. Mais au lieu que pour parler avec raison, il faloit dire que la domination de plusieurs ne pouvoit estre bonne, puis que la puissance d'un seul, deslors qu'il prend ce tiltre de maistre, est dure et desraisonnable : il est allé adjouster tout au rebours,

Qu'un sans plus soit le maistre, et qu'un seul soit le roy.

Toutefois à l'avanture il faut excuser Ulysse, au-

---

(1) *Iliad.*, l. II, v. 204, 205.

quel possible lors il estoit besoin d'user de ce langage,
et de s'en servir pour appaiser la revolte de l'armée,
conformant (je croy) son propos plus au temps, qu'à
la vérité. Mais à parler à bon escient, c'est un extreme
malheur, d'estre sujet à un maistre, duquel on ne
peut estre jamais asseuré qu'il soit bon, puis qu'il
est toujours en sa puissance d'estre mauvais quand il
voudra. Et d'avoir plusieurs maistres, c'est autant
que d'avoir autant de fois à estre extremement malheureux. Si ne veux-je pas pour ceste heure debatre
ceste question tant pourmenée, à savoir si les autres
façons de Republiques sont meilleures que la Monarchie. A quoy si je voulois venir, encores voudrois-je
savoir, avant que mettre en doute, quel rang la Monarchie doit avoir entre les Republiques, si elle y
en doit avoir aucun : pource qu'il est malaisé de
croire, qu'il y ait rien de public en ce gouvernement,
où tout est à un. Mais cette question est reservée pour
un autre temps, et demanderoit bien son traité à part :
ou plustost ameneroit quant et soy toutes les disputes
politiques.

Pour ce coup je ne voudrois sinon entendre, s'il est
possible, et comme il se peut faire, que tant d'hommes,
tant de Villes, tant de Nations, endurent quelques fois
un Tyran seul, qui n'a puissance, que celle qu'on
luy donne : qui n'a pouvoir de leur nuire, sinon de
tant qu'ils ont vouloir de l'endurer : qui ne sauroit
leur faire mal aucun, sinon lors qu'ils aiment mieux
le souffrir, que luy contredire. Grand'chose certes

et toutesfois si commune, qu'il s'en faut de tant plus
douloir, et moins esbahir, de voir un million de millions d'hommes servir miserablement, ayant le col
sous joug, non pas contraints par une plus grande
force, mais aucunement (ce semble) enchantez et
charmez par le seul nom d'*Un*, duquel ils ne doyvent
ni craindre la puissance, puis qu'il est seul, ni aimer
les qualitez, puis qu'il est en leur endroit inhumain et
sauvage. La foiblesse d'entre nous hommes est telle.
Il faut souvent que nous obeyssions à la force, il
est besoin de temporiser, on ne peut pas toujours estre
le plus fort. Donc si une Nation est contrainte par
la force de la guerre de servir à Un, comme la Cité
d'Athenes aux trente Tyrans, il ne se faut pas esbahir
qu'elle serve, mais se plaindre de l'accident ou bien
plustost ne s'esbahir, ni ne s'en plaindre, mais porter
le mal patiemment et se reserver à l'advenir à meil-
leure fortune. Nostre nature est ainsi, que les communs devoirs de l'amitié emportent une bonne partie
du cours de nostre vie. Il est raisonnable d'aimer la
Vertu, d'estimer les beaux faicts, de conoistre le
bien d'où l'on l'a receu, et diminuer souvent de nostre
aise, pour augmenter l'honneur et avantage de celuy
qu'on aime, et qui le merite. Ainsi donc, si les habitans d'un Pays ont trouvé quelque grand personnage, qui leur ait monstré par espreuve une grande
prevoyance pour les garder, grande hardiesse pour
les defendre, un grand soin pour les gouverner : si de
là en avant ils s'apprivoisent de luy obeyr, et s'en
fier tant que de luy donner quelques avantages, je

ne sçay (1) si ce seroit sagesse : de tant qu'on l'oste de là où il faisoit bien, pour l'avancer en lieu, où il pourra mal faire. Mais certes si ne pourroit-il faillir d'y avoir de la bonté, de ne craindre point mal de celuy, duquel on n'a receu que bien.

Mais, ô bon Dieu, que peut estre cela? Comment dirons-nous que cela s'appelle? Quel mal-heur est cestuy-là? Ou quel vice, ou plustost quel malheureux vice, voir un nombre infini, non pas obeyr, mais servir, non pas estre gouvernez, mais tyrannisez, n'ayans ni biens, ni parens, ni enfans, ni leur vie mesme, qui soit à eux? Souffrir les pilleries, les paillardises, les cruautez, non pas d'une armée, non pas d'un camp barbare, contre lequel il faudroit despendre son sang et sa vie devant, mais d'un seul : non pas d'un Hercules ne d'un Samson, mais d'un seul hommeau (2), et le plus souvent du plus lasche et femenin (3) de la Nation : non pas accoustumé à la poudre des batailles, mais encores à grand' peine au sable des tournois : non pas qui puisse par force commander aux hommes, mais tout empesché de servir vilement à la moindre femmelette. Appellons-nous cela lascheté? Dirons-nous, que ceux-là qui servent, soyent couards et recreus? Si deux, si trois, si quatre, ne se defendent d'Un, cela est estrange, mais toutesfois possible.

---

(1) Si ce seroit un acte de sagesse d'autant qu'on l'oste de là où il faisoit bien, etc.

(2) *Hommeau*, petit homme : *Cotgrave* dans son Dictionnaire François et Anglois. On trouve *Hommet*, et *Hommelet*, dans Nicot.

(3) *Femenin*, *Feminin*, effeminé : *Cotgrave*.

Bien pourra l'on dire lors à bon droit, que c'est
faute de cœur. Mais si cent, si mille, endurent d'un
seul, ne dira-on pas, qu'ils ne veulent point, qu'ils
n'osent pas se prendre à luy, et que c'est non couardise ; mais plustost mespris et desdain ? Si l'on void,
non pas cent, non pas mille hommes, mais cent pays,
mille villes, un million d'hommes, n'assaillir pas un
seul, duquel le mieux traitté de tous en reçoit mal
d'estre serf et esclave : comment pourrons-nous nommer cela ? Est-ce lascheté ? Or il y a en tous vices
naturellement quelque borne, outre laquelle ils ne
peuvent passer. Deux peuvent craindre Un, et possible
dix : mais mille, mais un million, mais mille Villes,
si elles ne se defendent d'Un, cela n'est pas couardise.
Elle ne va point jusques-là, non plus que la vaillance
ne s'estend pas, qu'un seul eschelle une forteresse,
qu'il assaille une armée, qu'il conquiere un Royaume.
Donques quel monstre de vice est-cecy, qui ne merite
pas encore le tiltre de couardise? qui ne trouve de nom
assez vilain, que Nature desavouë avoir fait, et la
langue refuse de le nommer ? Qu'on mette d'un costé
cinquante mille hommes en armes, d'un autre autant :
qu'on les range en bataille, qu'ils viennent à se join-
dre, les uns libres combatans pour leur franchise,
les autres pour la leur oster : ausquels promettra-on
par conjecture la victoire? Lesquels pensera-on qui
plus gaillardement iront au combat, ou ceux qui
esperent pour guerdon (4) de leur peine l'entretene-

---

(4) *Guerdon*, loyer, recompense : *Nicot*.

ment de leur liberté, ou ceux qui ne peuvent attendre loyer des coups qu'ils donnent, ou qu'ils reçoyvent, que la servitude d'autruy? Les uns ont toujours devant leurs yeux le bonheur de leur vie passée, l'attente de pareil aise à l'advenir. Il ne leur souvient pas tant, de ce qu'ils endurent ce peu de temps que dure une bataille, comme de ce qu'il conviendra à jamais endurer à eux, à leurs enfans, et à toute la postérité. Les autres n'ont rien qui les enhardisse, qu'une petite pointe de convoitise, qui se rebouche soudain contre le danger, et qui ne peut estre si ardente, qu'elle ne se doyve, et semble estaindre par la moindre goutte de sang, qui sorte de leurs playes. Aux batailles tant renommées de *Miltiade*, de *Leonide*, de *Themistocles*, qui ont esté données deux mille ans a, et vivent encores aujourd'huy aussi fresches en la memoire des livres et des hommes, comme si c'eust esté l'autre hier, qu'elles furent données en Grece, pour le bien de Grece et pour l'exemple de tout le monde : qu'est-ce qu'on pense qui donna à si petit nombre de gens, comme estoyent les Grecs, non le pouvoir, mais le cœur de soustenir la force de tant de navires, que la mer mesme en estoit chargée? de desfaire tant de Nations qui estoyent en si grand nombre, que l'esquadron des Grecs n'eust pas fourny, s'il eust falu, des Capitaines aux armées des Ennemis? sinon qu'il semble qu'en ces glorieux jours-là ce n'estoit pas tant la bataille des Grecs contre les Perses, comme la victoire de la Liberté sur la Domination, et de la franchise sur la convoitise.

C'est chose (5) estrange, d'ouyr parler de la vaillance que la liberté met dans le cœur de ceux qui la
defendent. Mais ce qui se fait en tous pays, par tous
les hommes, tous les jours, qu'un homme seul mas-
tine cent mille Villes, et les prive de leur liberté : qui
le croiroit, s'il ne faisoit que l'ouyr dire, et non le
voir? Et s'il ne se voyoit qu'en pays estranges, et
lointaines terres, et qu'on le dist, qui ne penseroit
que cela fust plustost feint et controuvé, que non pas
veritable? Encores ce seul Tyran, il n'est pas besoin
de le combattre, il n'est pas besoin de s'en defendre :
il est de soy-mesme desfait (6), mais que le Pays ne
consente à la servitude. Il ne faut pas luy rien oster,
mais ne luy donner rien. Il n'est point besoin que le
pays se mette en peine de faire rien pour soy, mais
qu'il ne se mette pas en peine de faire rien contre
soy. Ce sont donc les Peuples mesmes, qui se laissent, ou plustost se font gourmander, puis qu'en ces-
sant de servir ils en seroyent quittes. C'est le peuple
qui s'asservit, qui se coupe la gorge : qui ayant le
chois d'estre sujet, ou d'estre libre, quitte sa franchise, et prend le joug, qui consent à son mal, ou
plustost le pourchasse. S'il luy coustoit quelque chose
de recouvrer sa liberté, je ne l'en presserois point :
combien que ce soit ce que l'homme doit avoir plus
cher, que de se remettre en droit naturel; et par ma-

---

(5) Merveilleuse, digne d'admiration.

(6) *Pourvu que.* «Un homme sage, dit *Philippe de Commines,*
» sert bien en une compagnie de Princes, *mais qu'on* le veuille
» croire, et ne se pourroit trop acheter » l. I, c. 12.

niere de dire, de beste revenir à homme. Mais encores je ne desire pas en luy si grande hardiesse. Je ne luy permets point, qu'il aime mieux une je ne sçay quelle seureté de vivre à son aise. Quoy? si pour avoir la liberté, il ne luy faut que la desirer : s'il n'a besoin que d'un simple vouloir, se trouvera-il Nation au monde, qui l'estime trop chere, la pouvant gaigner d'un seul souhait? et qui plaigne sa volonté à recouvrer le bien, lequel on devroit racheter au pris de son sang? et lequel perdu, tous les gens d'honneur doyvent estimer la vie desplaisante, et la mort salutaire? Certes tout ainsi comme le feu d'une petite estincelle devient grand, et toujours se renforce, et plus il trouve de bois, et plus est prest d'en brusler, et sans que on y mette de l'eau pour l'estaindre, seulement en n'y mettant plus de bois, n'ayant plus que consumer, il se consume soy-mesme, et devient sans forme aucune et n'est plus feu : Pareillement les Tyrans, plus ils pillent, plus ils exigent, plus ils ruinent et destruisent, plus on leur baille, plus on les sert, d'autant plus ils se fortifient, deviennent toujours plus forts et plus frais, pour aneantir et destruire tout. Et si on ne leur baille rien, si on ne leur obeyt point, sans combattre, sans frapper ils demeurent nuds et desfaits, et ne sont plus rien : sinon que comme la racine, n'ayant plus d'humeur et aliment devient une branche seiche et morte.

Les hardis, pour acquerir le bien qu'ils demandent, ne craignent point le danger, les advisez ne re-

fusent point la peine. Les lasches et engourdis ne
sçavent ni endurer le mal ni recouvrer le bien. Ils
s'arrestent en cela, de le souhaitter; la vertu d'y pre-
tendre leur est ostée par leur lascheté, le desir de
l'avoir leur demeure par la nature. Ce desir, ceste
volonté, est commune aux sages et aux indiscrets,
aux courageux et aux couards, pour souhaiter toutes
choses, qui estans acquises, les rendroyent heureux
et contens. Une seule en est à dire, en laquelle je ne
sçay comme nature defaut aux hommes, pour la desirer. C'est la Liberté, qui est toutesfois un bien si
grand, et si plaisant, qu'elle perdue, tous les maux
viennent à la file, et les biens mesmes qui demeurent
aprés elle perdent entierement leur goust et saveur,
corrompus par la servitude. La seule Liberté, les
hommes ne la desirent point : non pas pour autre
raison (ce me semble) sinon pource que s'ils la desiroyent, ils l'auroyent : comme s'ils refusoyent faire
ce bel acquest seulement, parce qu'il est trop aisé.

Pauvres gens et miserables, Peuples insensez,
Nations opiniastres en vostre mal, et aveugles en
vostre bien, vous vous laissez emporter devant vous
le plus beau et le plus clair de vostre revenu, piller
vos champs, voller vos maisons, et les despouiller des
meubles anciens et paternels! Vous vivez de sorte,
que vous pouvez dire que rien n'est à vous. Et sem-
bleroit, que meshuy ce vous seroit grand heur, de
tenir à moitié vos biens, vos familles et vos vies : et
tout ce degast, ce malheur, ceste ruine vous vient,

non pas des ennemis, mais bien certes de l'ennemy,
et de celuy que vous faites si grand qu'il est, pour
lequel vous allez si courageusement à la guerre, pour
la grandeur duquel vous ne refusez point de presenter
à la mort vos personnes ! Celuy qui vous maistrise
tant, n'a que deux yeux, n'a que deux mains, n'a
qu'un corps, et n'a autre chose que ce qu'a le moindre homme du grand nombre infiny de vos Villes :
sinon qu'il a plus que vous tous, c'est l'avantage que
vous luy faites, pour vous destruire. D'où a-il prins
tant d'yeux? d'où vous espie-il, si vous ne les luy
donnez? Comment a-il tant de mains pour vous
frapper, s'il ne les prend de vous? Les pieds dont il
foule vos Citez, d'où les a-il, s'ils ne sont des vostres?
Comme a-il aucun pouvoir sur vous, que par vous
autres mesmes? Comment vous oseroit-il courir sus (7),
s'il n'avoit intelligence avec vous? Que vous pourroit-il faire, si vous n'estiez recelleurs du larron qui
vous pille? complices du meurtrier qui vous tuë, et
traistres de vous-mesmes? Vous semez vos fruits,
afin qu'il en face le degast : Vous meublez et rem-
plissez vos maisons, pour fournir à ses voleries :
Vous nourrissez vos filles, afin qu'il ait dequoy saou-
ler sa luxure : Vous nourrissez vos enfans, afin qu'il
les meine, pour le mieux qu'il leur face, en ses
guerres, qu'il les meine à la boucherie, qu'il les face
les ministres de ses convoitises, les executeurs de ses
vengeances : Vous rompez à la peine vos personnes,
afin qu'il se puisse mignarder en ses delices, et se

---

(7) S'il n'étoit d'intelligence avec vous.

veautrer dans les sales et vilains plaisirs : Vous vous affoiblissez, afin de le faire plus fort et roide, à vous tenir plus courte la bride. Et de tant d'indignitez, que les Bestes mesmes, ou ne sentiroyent point, ou n'endureroyent point, vous pouvez vous en delivrer, si vous essayez, non pas de vous en delivrer, mais seulement de le vouloir faire. Soyez resolus de ne servir plus, et vous voila libres. Je ne veux pas que vous le poussiez, ny le bransliez, mais seulement ne le sousteniez plus; et vous le verrez, comme un grand Colosse, à qui on a desrobbé la base, de son poids mesme fondre en bas, et se rompre.

Mais certes les Medecins conseillent bien de ne mettre pas la main aux playes incurables : et je ne fay pas sagement, de vouloir en cecy conseiller le Peuple, qui a perdu long-temps y a toute connoissance, et duquel, puis qu'il ne sent plus son mal, cela seul monstre assez que sa maladie est mortelle. Cherchons donc par conjecture, si nous en pouvons trouver, comment s'est ainsi si avant enracinée ceste opiniastre volonté de servir, qu'il semble maintenant que l'amour mesme de la Liberté ne soit pas si naturelle.

Premierement, cela est, comme je croy, hors de nostre doute, que si nous vivions avec les droits que Nature nous a donnez, et les enseignemens qu'elle nous apprend, nous serions naturellement obeyssans aux parens, sujets à la Raison et serfs de personne,

de l'obeyssance que chacun, sans autre advertisse-
ment que de son naturel, porte à ses pere et mere.
Tous les hommes sont tesmoins chacun en soy et pour
soy, de la Raison, si elle naist avec nous, ou non :
qui est une question debatuë au fond par les Acade-
miques, et touchée par toute l'eschole des Philosophes.
Pour ceste heure je ne penserois point faillir, en
croyant qu'il y a en nostre ame quelque naturelle
semence de raison, qui entretenuë par bon conseil et
coustume, fleurit en vertu : et au contraire, souvent
ne pouvant durer contre les vices survenus, estouffée
s'avorte. Mais certes s'il y a rien de clair et d'apparent
en la Nature, et en quoy il ne soit pas permis de faire
l'aveugle, c'est cela, que Nature, le Ministre de
Dieu et la Gouvernante des hommes, nous a tous faits
de mesme forme, et, comme il semble, à mesme
moule, afin de nous entreconoistre tous pour compagnons ou plustost freres. Et si faisant les partages des
presens qu'elle nous donnoit, elle a fait quelques
avantages de son bien, soit au corps ou à l'esprit, aux
uns plus qu'aux autres : si n'a-elle pourtant entendu
nous mettre en ce monde, comme dans un champ
clos, et n'a pas envoyé icy bas les plus forts et plus
advisez, comme des brigands armés dans une forest,
pour y gourmander les plus foibles. Mais plustost faut-
il croire, que faisant ainsi aux uns les parts plus
grandes, et aux autres plus petites (8), elle vouloit
faire place à la fraternelle affection, afin qu'elle eust
où s'employer, ayans les uns puissance de donner aide,

---

(8) Elle vouloit donner lieu à l'affection fraternelle.

et les autres besoin d'en recevoir. Puis donc que ceste bonne mere nous a donné à tous toute la Terre pour demeure, nous a tous logez aucunement en une mesme maison, nous a tous figurez en mesme paste, afin que chacun se peust mirer, et quasi reconoistre l'un dans l'autre : si elle nous a tous en commun donné ce grand present de la voix et de la parole, pour nous accointer et fraterniser davantage, et faire par la commune et mutuelle déclaration de nos pensées une communion de nos volontez : Et si elle a tasché par tous moyens de serrer et estraindre plus fort le nœud de nostre alliance et société : si elle a monstré en toutes choses, qu'elle ne vouloit tant nous faire tous unis que tous uns : il ne faut pas faire doute, que nous ne soyons tous naturellement libres, puis que nous sommes tous compagnons : et ne peut tomber en l'entendement de personne que Nature ait mis aucun en servitude, nous ayant tous mis en compagnie.

Mais à la vérité c'est bien pour neant de debattre, si la Liberté est naturelle, puis qu'on ne peut tenir aucun en servitude, sans luy faire tort, et qu'il n'y a rien au monde de si contraire à la Nature (estant toute raisonnable) que l'injure. Reste donc de dire que la Liberté est naturelle, et par mesme moyen (à mon advis) que nous ne sommes pas seulement nais en possession de nostre franchise, mais aussi avec affection de la defendre. Or si d'advanture nous faisons quelque doute en cela, et sommes tant abastardis que ne puissions

reconoistre nos biens, ny semblablement nos naïfes
affections, il faudra que je vous face l'honneur qui
vous appartient, et que je monte, par manière de
dire, les Bestes brutes en chaire, pour vous enseigner
vostre nature et condition. Les bestes (ce m'aid' Dieu)
si les hommes ne font trop les sourds, leur crient :
Vive Liberté. Plusieurs y en a d'entr'elles, qui meurent sitost qu'elles sont prises, comme le poisson,
qui perd la vie aussitost que l'eau : pareillement celles-
là quittent la lumiere, et ne veulent point survivre à
leur naturelle franchise. Si les animaux avoient entre
eux leurs rangs et préeminences, ils feroient (à mon
advis) de liberté leur noblesse. Les autres, des plus
grandes jusqu'aux plus petites, lors qu'on les prend,
font si grande résistance des ongles, de cornes, de
pieds, de bec, qu'elles déclarent assez combien elles
tiennent cher ce qu'elles perdent. Puis estant prises,
nous donnent tant de signes apparens de la connoissance qu'elles ont de leur malheur, qu'il est bel à
voir, que d'ores en là ce leur est plus languir que
vivre, et qu'elles continuent leur vie, plus pour plaindre leur aise perdu, que pour se plaire en servitude.
Que veut dire autre chose l'Elephant, qui s'estant
defendu jusques à n'en pouvoir plus, n'y voyant plus
d'ordre, estant sur le poinct d'estre prins, il enfonce
ses maschoires, et casse ses dents contre les arbres,
sinon que le grand desir qu'il a de demeurer libre,
comme il est nay (9), luy fait de l'esprit, et l'advise

---

(9) Lui donne de l'esprit, et lui fait venir la pensée de marchander avec les chasseurs, etc.

de marchander avec les chasseurs, si pour le pris de
ses dents il en sera quitte, et s'il sera receu à bailler
son yvoire, et payer ceste rançon pour sa liberté.
Nous appostons le cheval, deslors qu'il est nay, pour
l'apprivoisir à servir : et si ne le savons-nous tant
flatter, que quand ce vient à le domter, il ne morde
le frein, qu'il ne ruë contre l'esperon, comme (ce
semble) pour monstrer à la nature, et tesmoigner au
moins par là, que s'il sert, ce n'est pas de son
gré, mais par nostre contrainte. Que faut-il donc
dire?

> Mesme les bœufs sous les pieds du joug (10) geignent,
> Et les oiseaux dans la cage se plaignent,

comme j'ay dit ailleurs, autres fois, passant le temps à
nos rimes françoises. Car je ne craindrois point, es-
crivant à toy (ô Longa) mesler de mes vers, desquels
je ne fis jamais, que pour le semblant que tu fais de
t'en contenter, tu ne m'en faces glorieux. Ainsi donc
puis que toutes choses, qui ont sentiment deslors
qu'elles l'ont, sentent le mal de la subjection, et cou-
rent aprés la Liberté : Puis que les bestes, qui encores
sont faites pour le service de l'homme, ne se peuvent
accoustumer à servir, qu'avec protestation d'un desir
contraire : quel malencontre a esté cela, qui a peu
tant desnaturer l'homme seul nay (de vray) pour vivre
franchement, de lui faire perdre la souvenance de son
premier estre, et le desir de le reprendre? ·

----

(10) *Gémissent.*—GEINDRE, gemere, *Nicot.*

Il y a trois sortes de Tyrans. Je parle des meschans Princes. Les uns ont le royaume par l'élection du peuple, les autres par la force des armes, les autres par la succession de leur race. Ceux qui l'ont acquis par le droit de la guerre, ils s'y portent ainsi qu'on conoist bien, qu'ils sont, comme on dit, en terre de conqueste. Ceux qui naissent Roys, ne sont pas communément gueres meilleurs : ains estant nais et nourris dans le sang de la tyrannie, tirent avec le laict la nature du tyran, et font estat des peuples qui sont sous eux, comme de leurs serfs hereditaires : et selon la complexion en laquelle ils sont plus enclins, avares ou prodigues, tels qu'ils sont, ils font du Royaume comme de leur heritage. Celuy à qui le peuple a donné l'Estat, devroit estre (ce me semble) plus supportable : et le seroit, comme je croy, n'estoit que des-lors qu'il se void eslevé par dessus les autres en ce lieu, flatté par je ne sçay quoy que l'on appelle la *grandeur*, il delibere de n'en bouger point. Communément, celuy-là fait estat de la puissance que le peuple luy a baillée, de la rendre à ses enfans. Or deslors que ceux-là ont prins ceste opinion, c'est chose estrange, de combien ils passent en toutes sortes de vices, et mesmes en la cruauté, les autres tyrans. Ils ne voyent autre moyen, pour asseurer la nouvelle Tyrannie, que d'estendre fort la servitude, et estranger tant les sujets de la Liberté, encores que la memoire en soit fresche, qu'ils la leur puissent faire perdre. Ainsi pour en dire la verité, je voy bien qu'il y a entre eux quelque difference, mais de choix je n'en

voy point ; et estant les moyens de venir aux regnes
divers, tousjours la façon de regner est quasi semblable. Les esleus, comme s'ils avoyent prins des taureaux à domter, les traitent ainsi : les conquerans
pensent en avoir droit, comme de leur proye ; les
successeurs, d'en faire ainsi que de leurs naturels esclaves.

Mais à propos, si d'advanture il naissoit aujourd'huy
quelques gens, tous neufs, non accoustumez à la su-
jettion, ni affriandez à la liberté, et qu'ils ne sceus-
sent que c'est ni de l'un ni de l'autre, ni à grand'-
peine des noms : si on leur presentoit, ou d'estre sujets,
ou vivre en liberté, à quoi s'accorderoyent-ils ? Il ne
faut pas faire difficulté qu'ils n'aimassent trop mieux
obeyr seulement à la Raison, que servir à un homme ;
sinon possible que ce fussent ceux d'Israël, qui sans
contrainte ny sans aucun besoin se firent un tyran :
duquel peuple je ne ly jamais l'histoire, que je n'en
aye trop grand despit, quasi jusques à devenir inhumain, pour me resjouir de tant de maux qui leur en
advindrent. Mais certes tous les hommes, tant qu'ils
ont quelque chose d'homme, devant qu'ils se laissent
assujettir, il faut l'un des deux, ou qu'ils soyent contraints, ou deceus : contraints par les armes estran-
geres, comme Spartes et Athenes par les forces d'A-
lexandre, ou par les factions, ainsi que la Seigneurie
d'Athenes estoit devant venue entre les mains de Pisis-
trate. Par tromperie perdent-ils souvent la Liberté : et
en ce ils ne sont pas si souvent seduits par autruy

comme ils sont trompez par eux-mesmes. Ainsi le peuple de Syracuse, la maistresse ville de Sicile (qui s'appelle aujourd'huy Saragosse) estant pressé par les guerres, inconsiderément ne mettant ordre qu'au danger, esleva *Denys* le premier, et luy donna charge de la conduite de l'armée : et ne se donna garde, qu'elle l'eut fait si grand, que cette bonne piece-là, revenant victorieux, comme s'il n'eust pas vaincu ses ennemis, mais ses citoyens, se fit de Capitaine Roy, et de Roy Tyran. Il n'est pas croyable, comme le peuple, deslors qu'il est assujetty, tombe soudain en un tel et si profond oubly de la franchise, qu'il n'est pas possible qu'il s'éveille pour la r'avoir, servant si franchement, et tant volontiers, qu'on diroit à le voir, qu'il a, non pas perdu sa liberté, mais sa servitude. Il est vray, qu'au commencement l'on sert contraint, et vaincu par la force : mais ceux qui viennent après, n'ayans jamais veu la liberté, et ne sachans que c'est, servent sans regret, et font volontiers ce que leurs devanciers avoyent fait par contrainte. C'est cela, que les hommes naissent sous le joug, et puis nourris et eslevez dans le servage, sans regarder plus avant, se contentans de vivre, comme ils sont nais, et ne pensans point avoir d'autre droit, ny autre bien, que ce qu'ils ont trouvé, ils prennent pour leur nature l'estat de leur naissance. Et toutesfois il n'est point d'heritier si prodigue et nonchalant, qui quelquesfois ne passe les yeux dans ses registres, pour entendre s'il jouyt de tous les droits de sa succession, ou si l'on a rien entrepris sur luy, ou son predecesseur. Mais certes la

Coustume, qui a en toutes choses grand pouvoir sur
nous, n'a en aucun endroit si grande vertu qu'en cecy,
de nous enseigner à servir : et (comme l'on dit de Mi-
thridate, (11) qui se fit ordinaire à boire le poison)
pour nous apprendre à avaller, et ne trouver pas
amer le venin de la servitude. L'on ne peut pas nier
que la nature n'ait en nous bonne part, pour nous
tirer là où elle veut, et nous faire dire ou bien ou mal
nais : mais si faut-il confesser qu'elle a en nous
moins de pouvoir que la coustume : pource que le
naturel, pour bon qu'il soit, se perd s'il n'est entre-
tenu : et la nourriture nous fait tousjours de sa façon,
comment que ce soit, malgré la nature. Les semences
de bien, que la nature met en nous, sont si menuës et
glissantes qu'elles n'endurent pas le moindre heurt de
la nourriture contraire. Elles ne s'entretiennent pas
plus aisément, qu'elles s'abastardissent, se fondent, et
viennent en rien : ne plus ne moins que les (12) fruic-
tiers, qui ont bien tous quelque naturel à part, lequel
ils gardent bien, si on les laisse venir : mais ils le laissent aussi tost, pour porter d'autres fruicts estrangers,
et non les leurs selon qu'on les ente. Les herbes ont
chascune leur proprieté, leur naturel et singularité :
mais toutefois le gel, le temps, le terrouer ou la main
du Jardinier, ou adjoustent, ou diminuent beaucoup
de leur vertu. La plante qu'on a veuë en un endroit,
on est ailleurs empesché de la reconoistre. Qui ver-

---

(11) Qui se fit une habitude de boire du poison.
(12) Les arbres fruitiers.

roit les *Venetiens*, une poignée de gens, vivans si librement, que le plus meschant d'entre eux ne voudroit pas estre Roy, et tout ainsi nais et nourris qu'ils ne conoissent point d'autre ambition, sinon à qui mieux advisera à soigneusement entretenir leur Liberté : ainsi apprins et faits dans le berceau, ils ne prendroyent point tout le reste des felicitez de la terre, pour perdre le moindre point de leur franchise : qui aura veu, dy-je, ces personnages-là, et au partir de là s'en ira aux terres de celuy que nous appellons le Grand-Seigneur, voyant là des gens, qui ne peuvent estre nais que pour le servir, et qui pour le maintenir abandonnent leur vie : penseroit-il que les autres et ceux-là eussent mesme naturel, ou plustost s'il n'estimeroit pas, que sortant d'une cité d'hommes, il est entré dans un parc de Bestes? Lycurgue le policeur de Sparte, ayant nourry (ce dit-on) deux chiens tous deux freres, tous deux allaictez de mesme laict, (13) l'un engraissé à la cuisine, l'autre accoustumé par les champs au son de la trompe et (14) du huchet : voulant monstrer au peuple Lacedemonien, que les hommes sont tels, que leur nourriture les fait, mit les deux chiens en plein marché, et entre eux une souppe et un lievre : l'un courut au plat, et l'autre au lievre. Toutesfois (ce dit-il) si sont-ils freres. Doncques celuy-là avec ses Loix et sa Police nourrit et fit si bien les Lacedemoniens, que chascun d'eux eust eu plus cher de

---

(13) Ceci est pris d'un traité de *Plutarque*, intitulé *Comment il faut nourrir les Enfans*, ch. II de la traduction d'*Amyot*.

(14) Du Cor. *Huchet*, dit Nicot, *c'est un Cornet dont on huche*, ou appelle, *les Chiens,—et dont les Postillons usent ordinairement*.

mourir de mille morts, que de reconoistre autre Seigneur que la Loy et le Roy.

Je pren plaisir de ramentevoir un propos, que tindrent jadis les Favoris de Xerxes, le grand Roy de Perse, touchant les Spartiates. Quand Xerxes faisoit ses appareils de grande armée, pour conquerir la Grece, il envoya ses Ambassadeurs par les Citez Gregeoises, demander de l'eau et de la terre (c'estoit la façon que les Perses avoyent de sommer les Villes). A Sparte ny à Athenes n'envoya-il point : pource que de ceux que (15) Daire son pere y avoit envoyez, pour faire pareille demande (16), les Spartiates et les Atheniens en avoyent jetté les uns dans les fossez, les autres ils avoyent fait sauter dedans un puits, leur disans, qu'ils prinssent là hardiment de l'eau et de la terre, pour porter à leur Prince. Ces gens ne pouvoyent souffrir, que de la moindre parole seulement on touchast à leur liberté. Pour en avoir ainsi usé, les Spartiates conurent qu'ils avoyent encouru la haine des Dieux mesmes, specialement de Talthybie Dieu des herauts. Ils s'adviserent d'envoyer à Xerxes, pour les appaiser, deux de leurs Citoyens, pour se presenter à luy qu'il fit d'eux à sa guise, et se payast de là pour les ambassadeurs qu'ils avoient tuez à son pere. Deux Spartiates, l'un nommé (17) Specte, l'autre (18) Bu-

____

(15) Ou, comme nous disons aujourd'hui, *Darius*, roi des Perses, fils d'*Hystaspe*, le premier de ce nom.

(16) *Hérodote*, liv. VII, pag. 421, 422. Edit. *Gronov*.

(17) Ou plutôt, *Sperthies*, comme le nomme Hérodote, l. VII, p. 421.

(18) *Ibid.*

lis, s'offrirent de leur gré pour aller faire ce payement. Ils y allerent, et en chemin ils arriverent au Palais d'un Perse, que on appelloit (19) Gidarne, qui estoit Lieutenant du Roy en toutes les villes d'Asie, qui sont sur la coste de la mer. Il les recueillit fort honorablement. Et aprés plusieurs propos, tombans de l'un en l'autre, il leur demanda pourquoy ils refusoyent tant l'amitié du Roy. (20) *Croyez* (dit-il), *Spartiates, et conoissez par moy, comment le Roy sçait honorer ceux qui le valent : et pensez que si vous estiez à luy, il vous feroit de mesme. Si vous estiez à luy, et qu'il vous eust conus, il n'y a celuy d'entre vous qui ne fust Seigneur d'une Ville de Grece.* « En cecy, Gidarne, tu » ne nous sçaurois donner bon conseil (dirent les La- » cedemoniens) pource que le bien que tu nous pro- » mets, tu l'as essayé, mais celuy dont nous jouyssons, » tu ne sçais que c'est : tu as esprouvé la faveur du » Roy, mais la Liberté, quel goust elle a, combien » elle est douce, tu n'en sçais rien. Or si tu en avois » tasté toy-mesme, tu nous conseillerois de la defen- » dre, non pas avec la lance et l'escu, mais avec les » dents et les ongles. » Le seul Spartiate disoit ce qu'il faloit dire : mais certes l'un et l'autre disoyent comme ils avoyent esté nourris. Car il ne se pouvoit faire que le Perse eust regret à la liberté, ne l'ayant jamais euë, ny que le Lacedemonien endurast la subjection, ayant gousté la franchise.

---

(19) Ou plutòt *Hydarnes: Hérodote*, l. VII, p. 421.
(20) *Hérodote*, l. VII, p. 422.

(21) Caton l'Utican, estant encores enfant et sous
la verge, alloit et venoit souvent chez Sylla le Dictateur, tant pource qu'à raison du lieu et maison, dont
il estoit, on ne luy fermoit jamais les portes, qu'aussi
ils estoyent proches parens. Il avoit toujours son
maistre quand il y alloit, comme avoyent accoustumé
les énfans de bonne part. Il s'apperceut que dans
l'hostel de Sylla, en sa presence, ou par son commandement, on emprisonnoit les uns, on condamnoit
les autres, l'un estoit banny, l'autre estranglé, l'un
demandoit (22) le confisq d'un Citoyen, et l'autre la
teste. En somme, tout y alloit, non comme chez un
Officier de la Ville, mais comme chez un Tyran du
Peuple, et c'estoit non pas un parquet de Justice,
mais une caverne de Tyrannie. Ce noble enfant (23)
dit à son maistre : *Que ne me donnez-vous un poi-*
gnard ? Je le cacheray sous ma robbe. J'entre souvent
dans la chambre de Sylla, avant qu'il soit levé. J'ai le
bras assez fort pour en depescher la Ville. Voyla
vrayement une parole apartenante à Caton. C'estoit
un commencement de ce personnage, digne de sa
mort. Et neantmoins qu'on ne die ne son nom ne
son pays, qu'on conte seulement le fait tel qu'il est,
la chose mesme parlera, et jugera-on à belle avanture, qu'il estoit Romain, et nay dedans Rome, mais
dans la vraye Rome, et lors qu'elle estoit libre. A

---

(21) Ou, comme nous parlons aujourd'hui, *Caton d'Utique.*

(22) La confiscation. *Cotgrave,* dans son Dictionnaire François et
Anglois.

(23) Plutarque dans la Vie de Caton d'Utique, ch. I de la traduction d'*Amyot.*

quel propos tout cecy? Non pas certes que j'estime
que le pays et le terrouer parfacent rien. Car en toutes
contrées, en tout air, est contraire la subjection, et
plaisant d'estre libre.

Mais parce que je suis d'avis, qu'on ait pitié de
ceux qui en naissant se sont trouvez le joug au col,
et que ou bien on les excuse, ou bien qu'on leur par-
donne, si n'ayant jamais veu seulement l'ombre de
la Liberté, et n'en estans point advertis, ils ne s'ap-
perçoivent point du mal que ce leur est d'estre esclaves. S'il y a quelques pays (comme dit Homere des
Cimmeriens) où le Soleil se monstre autrement qu'à
nous, et aprés leur avoir esclairé six mois continuels,
il les laisse sommeillans dans l'obscurité, sans les
venir revoir de l'autre demie année : ceux qui nais-
troyent pendant ceste longue nuict, s'ils n'avoient
ouy parler de la clarté, s'esbahiroit-on, si n'ayans
point veu de jour, ils s'accoustumoyent aux tenebres,
où ils sont nais, sans desirer la lumiere? On ne plaint
jamais ce qu'on n'a jamais eu; et le regret ne vient
point, sinon aprés le plaisir; et tousjours est avec la
cognoissance du bien, le souvenir de la joye passée.
Le naturel de l'homme est bien d'estre franc, et de
le vouloir estre; mais aussi sa nature est telle, que
naturellement il tient le ply que la nourriture luy
donne.

Disons donc, Ainsi qu'à l'homme toutes choses luy
sont naturelles, à quoy il se nourrit et acoustume,

mais seulement ce luy est naïf, à quoy sa nature simple et non alterée l'appelle : ainsi la premiere raison de la servitude volontaire, c'est la coustume, comme des plus braves (24) courtaux, qui au commencement mordent le frein, et puis aprés s'en jouent : et là où nagueres ils rouyent contre la selle, ils se portent maintenant dans le harnois, et tous fiers (25) se gorgiasent sous la barde. Ils disent qu'ils ont esté tousjours sujets, que leurs peres ont ainsi vescu. Ils pensent qu'ils sont tenus d'endurer le mors, et le se font acroire par exemples : et fondent eux-mesmes sur la longueur, la possession de ceux qui les tyrannisent. Mais pour vray les ans ne donnent jamais droit de malfaire, ains aggrandissent l'injure. Tousjours en demeure-il quelques uns mieux nais que les autres, qui sentent le poids du joug, (26) et ne peuvent tenir de le crouller, qui ne s'apprivoisent jamais de la subjection, et qui tousjours, comme Ulysse qui par mer et par terre cherchoit de voir la fumée de sa case, ne se sçavent garder (27) d'adviser à leurs naturels privileges, et de se souvenir des predecesseurs, et de leur premier estre. Ce sont volontiers ceux-là, qui

---

(24) Chevaux.—COURTAULT *est un Cheval qui a crin et orcilles coupées*, dit Nicot. Voyez le Dictionnaire de l'Académie Françoise au mot *Courtaud*.

Regimbent.

(25) *Se gorgiaser*, qui n'est plus en usage, signifie la même chose que *se panader*, dont on se sert en parlant d'une personne bien mise qui marche avec faste comme un paon qui fait la roue. — *Gorgiaseté*, dit Nicot, *est cointise et propreté en habits.*

(26) Et ne peuvent s'empêcher de le *secouer*,—*Crouler* ou *Crosler*, quatere, *Nicot.* Ce mot n'est plus en usage dans un sens actif.

(27) De réfléchir sur leurs priviléges naturels.

ayans l'entendement net, et l'esprit clairvoyant, ne
se contentent pas, comme le gros populas (28), de
regarder ce qui est devant leurs pieds, s'ils n'advisent
et derriere et devant, et ne rameinent encores les
choses passées, pour juger de celles du temps advenir,
et pour mesurer les presentes. Ce' sont ceux, qui
ayans la teste d'eux-mesmes bien faite, l'ont encores
polie par l'estude et le savoir. Ceux-là, quand la Liberté seroit entierement perdue, et toute hors du
monde, l'imaginant et la sentant en leur esprit, et
encores la savourant, la servitude ne leur est jamais
de goust, pour si bien qu'on l'acoustre.

Le grand Turc s'est bien advisé de cela, que les
livres et la doctrine donnent plus que toute autre
chose, aux hommes, le sens de se reconoistre et de
hayr la Tyrannie. J'entends qu'il n'a en ses terres
gueres de plus sçavans qu'il n'en demande. Or communément le bon zele et affection de ceux qui ont
gardé malgré le temps la devotion à la Franchise,
pour si grand nombre qu'il y en ait, en demeure sans
effect pour ne s'entreconoistre point. La Liberté
leur est toute ostée sous le Tyran, de faire et de
parler, et quasi de penser. Ils demeurent tous singuliers en leurs fantasies. Et pourtant Momus ne se
mocqua pas trop, quand il trouva cela à redire en

---

(28) La vile populace. *Populas*, terme de mépris qui semble en-
chérir sur celui de *populace*, pourroit bien avoir été forgé dans le
pays de l'auteur de ce discours ; et peut-être n'en est-il jamais
sorti. Je ne l'ai pas trouvé du moins dans aucun de nos vieux dic-
tionnaires.

l'homme que Vulcan avoit fait, dequoy il ne luy avoit
mis une petite fenestre au cœur, afin que par là l'on
peust voir ses pensées. L'on a voulu dire que (29)
Brute et Casse, lors qu'ils firent l'entreprinse de la
delivrance de Rome, ou plus tost de tout le monde,
ne voulurent point que Ciceron ce grand zelateur du
bien public, s'il en fust jamais, fust de la partie, et
estimerent son cœur trop foible pour un fait si haut.
Ils se fioyent bien de sa volonté, mais ils ne s'asseuroyent point de son courage. Et toutesfois qui voudra
discourir les faits du temps passé, et les Annales anciennes, il s'en trouvera peu, ou point, de ceux, qui
voyans leur pays mal mené, et en mauvaises mains,
ayans entreprins d'une bonne intention de le delivrer, qu'ils n'en soyent venus à bout, et que la Liberté, pour se faire apparoistre, ne se soit elle-mesme
fait espaule. (30) *Harmode*, Aristogiton, Thrasybule,
Brute le vieux, Valere et Dion, comme ils ont ver-
tueusement pensé, l'executerent heureusement. En
tel cas quasi jamais à bon vouloir ne defaut la fortune.
Brute le jeune et Casse osterent bien heureusement
la servitude, mais, en ramenant la Liberté, ils mou-
rurent, non pas miserablement. Car quel blasme
seroit-ce de dire, qu'il y ait rien eu de miserable en
ces gens-là, ny en leur mort, ny en leur vie? Mais
certes au grand dommage et perpetuel malheur, et
entière ruine de la Republique : laquelle certes fut,
comme il me semble, enterrée avec eux. Les autres

(29) *Brutus* et *Cassius*, comme on parle aujourd'hui.
(30) *Harmodius*.

entreprinses, qui ont esté faites depuis contre les autres Empereurs Romains, n'estoyent que des conjurations de gens ambitieux, lesquels ne sont pas à plaindre des inconvenients qui leur sont advenus : estant bel à voir, qu'ils desiroyent, non pas d'oster, mais de ruiner la Couronne, pretendans chasser le Tyran, et retenir la Tyrannie. A ceux-là je ne voudroy pas mesme qu'il leur en fust bien succedé : et suis content qu'ils ayent montré par leur exemple, qu'il ne faut pas abuser du sainct nom de la Liberté, pour faire mauvaise entreprise.

Mais pour revenir à mon propos, lequel j'avois quasi perdu, la première raison pourquoy les hommes servent volontiers, est, ce qu'ils naissent serfs, et sont nourris tels. De ceste-cy en vient une autre, que aisément les gens deviennent, sous les Tyrans, lasches et effeminez : dont je say merveilleusement bon gré à *Hippocrates*, le grand pere de la Medecine, qui s'en est prins garde, et l'a ainsi dit en l'un de ses livres, qu'il intitule *Des maladies* (31). Ce personnage avoit certes le cœur en bon lieu, et le monstra bien alors que le grand Roy le voulut attirer près de luy à

---

(31) Ce n'est point dans celui *Des malades*, que nous cite ici *La Boëtie*, mais dans un autre, intitulé *De l'air, des eaux et des lieux;* où Hippocrate dit, § 41, que « les plus belliqueux des Peuples d'Asie, Grecs ou Barbares, sont ceux qui n'étant pas gouvernez » despotiquement, vivent sous les Loix qu'ils s'imposent à euxmesmes, » et « qu'où les hommes vivent sous des Rois absolus, ils » sont necessairement fort timides. » On trouve les mêmes pensées plus particulièrement détaillées dans le paragraphe 40 du même ouvrage.

force d'offres et grands presens; et luy respondit franchement, (32), qu'il feroit grand' conscience de se mesler de guerir les Barbares, qui vouloyent tuer les Grecs, et de rien servir par son art à luy qui entreprenoit d'asservir la Grèce. La Lettre qu'il lui envoya, se void encores aujourd'huy parmy ses autres Oeuvres, et tesmoignera pour jamais de son bon cœur, et de sa noble nature. Or il est donc certain, qu'avec la Liberté tout à un coup se perd la vaillance. Les gens sujets n'ont point d'allegresse au combat, ni d'aspreté. Ils vont au danger comme attachez, et tous engourdis, et par manière d'acquit : et ne sentent point bouillir dans le cœur, l'ardeur de la franchise qui fait mespriser le péril, et donne envie de ache ter par une belle mort, entre ses compagnons l'honneur de la gloire. Entre les gens libres, c'est à l'envy, à qui mieux mieux, chascun pour le bien commun, chascun pour soy : là où ils s'attendent

---

(32) Une maladie pestilentielle s'étant repanduĕ dans les armées d'*Artaxerxe*, Roi de Perse, ce Prince, conseillé de recourir dans cette occasion à l'assistance d'Hippocrate, écrivit à *Hystanes*, gouverneur de l'Hellespont, pour le charger d'attirer Hippocrate à la cour de Perse, en lui offrant tout autant d'or qu'il voudroit, et en l'assurant de la part du Roi qu'il iroit de pair avec les plus grands seigneurs de Perse. Hystanes executa ponctuellement cet ordre : mais Hippocrate lui répondit aussi-tôt, qu'il étoit suffisamment pourvu de toutes les choses necessaires à la vie, et qu'il ne lui étoit pas permis de jouir des richesses des Perses, ni d'employer son art à guerir des Barbares qui étoient ennemis des Grecs. La Lettre d'Artaxerxe à Hystanes, celle d'Hystanes à Hippocrate, et la réponse d'Hippocrate, d'où sont tirées toutes les particularitez qui composent cet article, se trouvent à la fin des OEuvres d'Hippocrate.

20.

d'avoir toute leur part au mal de la desfaite, ou au bien de la victoire. Mais les gens assujettis, outre ce courage guerrier, ils perdent encores en toutes autres choses la vivacité, et ont le cœur bas et mol, et sont incapables de toutes choses grandes. Les Tyrans connoissent bien cela : et voyans que ils prennent ce ply (33), pour les faire mieux avachir encores leur y aident-ils.

Xenophon, historien grave, et du premier rang entre les Grecs, a fait (34) un Livret, auquel il fait parler *Simonide* avec *Hieron*, le Roy de Syracuse, des miseres du Tyran. Ce Livre est plein de bonnes et graves remonstrances, et qui ont aussi bonne grâce, à mon advis, qu'il est possible. Que pleust à Dieu, que tous les Tyrans, qui ont jamais esté, l'eussent mis devant les yeux, et s'en fussent servis de mirouer. Je ne puis pas croire, qu'ils n'eussent reconnu leurs verruës, et eu quelques hontes de leurs taches. En ce Traité il conte la peine, en quoy sont les Tyrans qui sont contraints, faisans mal à tous, se craindre de tous. Entre autres choses il dit cela, que les mauvais Roys se servent d'estrangers à la guerre, et les soudoyent, ne s'osans fier de mettre, à leurs gens (ausquels ils ont fait tort) les armes en la main. Il y a eu de bons Roys qui ont bien eu à leur solde des Nations

---

(33) *Pour faire qu'ils deviennent plus foibles et plus lâches.* — *Avachir*, devenir lasche comme une vache, *frangi viribus ac debilitari :* Nicot.

(34) Intitulé, HIERON, ou *Portrait de la condition des Rois.*

estranges, comme des François mesmes, et plus encores d'autres fois qu'aujourd'huy ; mais à une autre intention, pour garder les leurs, n'estimans rien de dommage de l'argent pour espargner les hommes. C'est ce que disoit Scipion (ce croy-je le grand Afriquain) qu'il aimeroit mieux avoir sauvé la vie à un citoyen, que desfait cent ennemis. Mais certes cela est bien asseuré, que le Tyran ne pense jamais que sa puissance luy soit asseurée, sinon quand il est venu à ce poinct, qu'il n'a sous luy homme qui vaille. Donques à bon droit luy dira-on cela, que Thrason en Terence se vante avoir reproché au maistre des Elephans,

> [b] Pour cela si brave vous estes,
>   Que vous avez charge de bestes.

Mais cette ruse des Tyrans d'abestir leurs Sujets ne se peut conoistre plus clairement, que par ce que Cyrus fit aux Lydiens, après qu'il se fut emparé de Sardes, la maistresse ville de Lydie, et qu'il eut pryns à mercy Cresus, ce tant riche Roy, et l'eut emmené captif quant et soy. On luy apporta les nouvelles, que les Sardins s'estoyent revoltez. Il les eust bientost réduits sous sa main. Mais ne voulant pas mettre à sac une tant belle ville, ny estre toujours en peine d'y tenir une armée pour la garder, il s'advisa d'un grand expedient pour s'en asseurer. Il y establit des bordeaux, (35) des tavernes et jeux publics, et fit publier ceste Ordonnance, que les habitans eussent

----

[b] Bone es ferox, quia habes imperium in belluas ?

Ter. Eunuch. act. III, sc. 1, v. 25.

(35) Hérodote, édit. Gronov.

à en faire estat. Il se trouva si bien de ceste garnison, qu'il ne luy falut jamais depuis tirer un coup d'espée contre les Lydiens. Ces pauvres gens miserables s'amuserent à inventer toutes sortes de jeux, si bien que les Latins ont tiré leur mot, et ce que nous appelons *Passe-temps*, ils l'appellent *LVDI*, comme s'ils vouloyent dire *Lydi*. Tous les Tyrans n'ont pas ainsi declaré si expres, qu'ils voulussent effeminer leurs hommes : mais pour vray ce que celuy-là ordonna formellement, et en effect, sous main ils l'ont pourchassé la pluspart. A la vérité c'est le naturel du menu populaire, duquel le nombre est tousjours plus grand dans les Villes. Il est soupçonneux à l'endroit de celuy qui l'aime, et simple envers celuy qui le trompe. Ne pensez pas qu'il ayt nul oiseau, qui se prenne mieux à la pipée, ni poisson aucun, qui pour la friandise s'accroche plustost (36) dans le haim, que tous les peuples s'allechent vistement à la servitude pour la moindre plume, qu'on leur passe (comme on dit) devant la bouche. Et est chose merveilleuse, qu'ils se laissent aller ainsi tost, (37) mais seulement qu'on les chatouille. Les theatres, les jeux, les farces, les spectacles, les gladiateurs, les bestes estranges, les médailles, les tableaux, et autres telles drogueries, estoyent aux peuples anciens les appasts de la servitude, le prix de leur liberté, les outils de la Tyrannie. Ce moyen, ceste pratique, ces allechemens avoyent

----

(36) *A l'hameçon. Haim*, de *hams*, dit *Nicot*, s'appelle aussi *hamesson*. Présentement *hameçon* est seul en usage.

(37) Pourvu seulement qu'on les chatouille.

les anciens Sujets sous le joug. Ainsi les peuples (38) assotis, trouvans beaux ces passe-temps, amusez d'un vain plaisir, qui leur passoit devant les yeux, s'accoustumoyent à servir aussi niaisement, mais plus mal, que les petits enfans, qui pour voir les luisans images de Livres illuminez, apprennent à lire. Les Romains Tyrans s'adviserent encores d'un autre poinct, de festoyer souvent les dizaines publiques, abusant ceste canaille (comme il falloit) qui se laisse aller, plus qu'à toute chose, au plaisir de la bouche. Le plus entendu de tous n'eust pas quitté son escuelle de soupe, pour recouvrer la liberté de la Republique de Platon. Les Tyrans faisoyent largesse du quart de bled, du sextier de vin, du sesterce : et lors c'estoit pitié d'ouyr crier, *Vive le Roy.* Les lourdauts n'advisoyent pas, qu'ils ne faisoyent que recouvrer une partie du leur, et que cela mesme qu'ils recouvroyent, le Tyran ne leur eust peu donner, si devant il ne l'avoit osté à eux-mesmes. Tel eust amassé aujourd'huy le sesterce, tel se fust gorgé au festin public, en benissant Tibere et Neron de leur belle liberalité, qui le lendemain estanct contrainct d'abandonner ses biens à l'avarice, ses enfans à la luxure, son sang mesmes à la cruauté de ces magnifiques Empereurs, ne disoit mot, non plus qu'une pierre, et ne se remuoit non plus qu'une souche. Tousjours le populas a eu cela. Il est au plaisir, qu'il ne peut honnestement recevoir, tout ouvert et dissolu, et au tort et à la douleur, qu'il ne peut honnestement souffrir, insen-

____

(38) Devenus sots. *Assotir*, stolidum vel insanum fieri : *Nicot.*

sible. Je ne voy pas maintenant personne, qui oyant parler de *Neron*, ne tremble mesme au surnom de ce vilain monstre, de ceste orde et salle beste. On peut bien dire qu'après sa mort aussi vilaine que sa vie, le noble Peuple Romain (39) en receut tel desplaisir (se souvenant de ses jeux et festins) qu'il fut sur le point d'en porter le dueil. Ainsi l'a escrit *Corneille Tacite*, Autheur bon, et grave des plus, et certes croyable. Ce qu'on ne trouvera pas estrange, si l'on considere, ce que ce peuple-là mesme avoit fait à la mort de Jules Cesar, qui donna congé aux Loix et à la Liberté. Auquel personnage ils n'y ont (ce me semble) trouvé rien qui valust que son humanité : laquelle, quoy qu'on la preschast tant, fût plus dommageable que la plus grande cruauté du plus sauvage Tyran qui fust oncques. Pour ce que à la vérité ce fut ceste venimeuse douceur, qui envers le Peuple Romain sucra la servitude. Mais après sa mort, ce Peuple-là, qui avoit encores à la bouche ses banquets, en l'esprit la souvenance de ses prodigalitez, pour luy faire ses honneurs et le mettre en cendres (40), amonceloit à l'envy les bancs de la place, et puis (41) esleva une Coulonne, comme au Pere du Peuple (ainsi portoit le chapiteau), et luy fist plus d'honneur, tout mort qu'il estoit, qu'il n'en devoit

---

(39) *Plebs sordida et circo ac theatris sueta, simul deterrimi servorum, aut qui adesis bonis, per dedecus Neronis alebantur, mœsti.* Tacit. *Hist.* L. I. ab initio.

(40) *Suetone* dans la Vie de Jule Cesar, § 84.

(41) *Posteà solidam columnam prope viginti pedum lapidis Numidici in foro statuit, scripsitque,* PARENTI PATRIÆ. *Sueton.* ibid. § 85.

faire à homme du monde : si ce n'estoit possible à
ceux qui l'avoyent tué. Ils n'oublierent pas cela aussi
les Empereurs Romains, de prendre communement le
titre de *Tribun du Peuple*, tant pource que cest
office estoit tenu pour sainct et sacré ; que aussi qu'il
estoit estably pour la defence et protection du
peuple, et sous la faveur de l'Estat. Par ce moyen
ils s'asseuroyent, que ce Peuple se fieroit plus d'eux,
comme s'ils devoyent encourir le nom, et non pas
sentir les effects.

Au contraire aujourd'huy ne font pas beaucoup
mieux ceux qui ne font mal aucun, mesme de con-
sequence, qu'ils ne facent passer devant quelque joly
propos du bien commun et soulagement public. Car
vous sçavez bien (ô Longa) le formulaire, duquel
en quelques endroits ils pourroyent user assez fine-
ment. Mais en la pluspart certes il n'y peut avoir assez
de finesse, là où il y a tant dimpudence. Les Roys
d'Assyrie, et encores après eux ceux de Mede,
ne se presentoyent en public, que le plus tard
qu'ils pouvoyent, pour mettre en doute ce populas,
s'ils estoyent en quelque chose plus qu'hommes,
et laisser en ceste resverie les gens, qui font volontiers
les imaginatifs, aux choses dequoy ils ne peuvent
juger de veue. Ainsi tant de Nations, qui furent assez
long temps sous cest Empire Assyrien, avec ce mystere
s'accoustumerent à servir, et servoyent plus volontiers, pour ne sçavoir quel maistre ils avoyent, ny à
grand'peine s'ils en avoyent : et craignoyent tous à

credit un que personne n'avoient veu. Les premiers
Roys d'Egypte ne se monstroyent gueres, qu'ils ne
portassent tantost une branche, tantost du feu sur la
teste, et se masquoyent ainsi, et faisoyent les baste-
teleurs : et en ce faisant, par l'estrangeté de la chose,
ils donnoyent à leurs sujets quelque reverence et
admiration : où aux gens qui n'eussent esté ou trop
sots, ou trop asservis, ils n'eussent appresté (ce m'est
advis) sinon passe-temps et risée. C'est pitié d'ouyr
parler de combien de choses les Tyrans du temps
passé faisoyent leur profit, pour fonder leur Tyrannie:
de combien de petits moyens ils se servoyent grandement, ayans trouvé ce populas fait à leur poste :
auquel ils ne savoyent tendre filé, qu'ils ne s'y vinssent
prendre, duquel ils ont eu tousjours si bon marché
de tromper, qu'ils ne l'assujettissoyent jamais tant,
que lorsqu'ils s'en mocquoyent le plus.

Que diray-je d'une autre belle bourde, que les
peuples anciens prindrent pour argent comptant? Ils
creurent fermement, (42) que le gros doigt d'un
pied de Pyrrhus, Roy des Epirotes, faisoit miracles,
et guarissoit les malades de la rate. Ils enrichirent
encores mieux le conte, que ce doigt, après qu'on
eut bruslé tout le corps mort, s'estoit trouvé entre les
cendres, sestant sauvé maugré le feu. Toujours ainsi
le peuple s'est fait luy mesmes les mensonges, pour
puis après les croire. Prou de gens l'ont ainsi escrit,

---

(42) Tout ce qu'on dit ici de Pyrrhus est rapporté dans sa Vie par
Plutarque, ch. II de la traduction d'*Amyot*.

mais de façon, qu'il est bel à voir, qu'ils ont amassé cela des bruits de Villes, et du vilain parler du populaire. Vespasian revenant d'Assyrie, et passant par Alexandrie pour aller à Rome s'emparer de l'Empire, fit merveilles (43). Il redressoit les boiteux, il rendoit clair-voyans les aveugles : et tout plein d'autres belles choses, ausquelles qui ne pouvoit voir la faute qu'il y avoit, il estoit (à mon advis) plus aveugle, que ceux qu'il guarissoit. Les Tyrans mesmes trouvoyent fort estrange, que les hommes peussent endurer un homme leur faisant mal. Ils vouloyent fort se mettre la religion devant pour garde-corps, et s'il estoit possible, empruntoyent quelque eschantillon de divinité, pour le soustien de leur meschante vie. Doncques *Salmonée*, si l'on croit à la Sibylle de Virgile, et son enfer, pour s'estre ainsi mocqué des gens, et avoir voulu faire du Jupiter, en rend maintenant compte où elle vid en l'arriere-enfer,

[c] Souffrant cruels tourmens pour vouloir imiter.
    Les tonnerres du Ciel, et feux de Jupiter.
    Dessus quatre coursiers il s'en alloit branlant
    (Haut monté) dans son poing un grand flambeau brulant
    Par les peuples Gregeois, et dans le plein marché
    En faisant sa bravade : mais il entreprenoit
    Sur l'honneur qui, sans plus, aux Dieux appartenoit.
    L'insensé, qui l'orage et foudre inimitable

---

(43) *Suetone*, dans la Vie de Vespasien, § 7.

[c] C'est une traduction de ces beaux vers latins :

Vidi et crudeles dantem Salmonea pœnas,
Dum flammas Jovis, et sonitus imitatur Olympi.
Quattuor hic invectus equis, et lampada quassans,
Per Graiùm populos, mediæque per Elidis urbem

Contrefaisoit (d'airain , et d'un cours effroyable
De chevaux corne-pieds) du Père tout puissant :
Lequel , bien tost aprés , ce grand mal punissant ,
Lança , non un flambeau, non pas une lumière
D'une torche de cire , avecques sa fumière,
Mais par le rude coup d'une horrible tempeste ,
Il le porta là bas , les pieds par dessus teste.

Si celuy, qui ne faisoit que le sot , est à ceste heure
si bien traitté là-bas, je croy que ceux qui ont abusé de
la Religion pour estre meschans, s'y trouveront encore
à meilleurs enseignes.

Les nostres semerent en France je ne sçay quoy de
tel, des *crapauts,* des *fleurs de liz,* l'*Ampoule,* l'*Oriflan.* Ce que (44) de ma part, comment qu'il en soit
je ne veux pas encores mescroire, puis que nous et nos
ancestres n'avons eu aucune occasion de l'avoir mes-

Ibat ovans, Divûmque sibi poscebat honorem :
Demens ! qui nimbos et non imitabile fulmen
Ære , et cornipedum cursu simularat equorum.
At pater omnipotens densa inter nubila telum
Contorsit (non ille faces, nec fumea tædis
Lumina) præcipitemque immani turbine adegit.

Virg. Æneid. l. VI, v. 585 etc

(44) Par tout ce que *La Boëtie* nous dit ici des *Fleurs de Liz,* de
l'*Ampoule,* et de l'*Oriflan,* il est aisé de deviner ce qu'il pense veri-
tablement des choses merveilleuses qu'on en conte. Et le bon *Pasquier* n'en jugeoit point autrement que La Boëtie. « Il y a en chaque
» Republique (nous dit-il dans ses Recherches de la France ,
» liv. VIII, c. 21) plusieurs histoires que l'on tire d'une longue an-
» cienneté, sans que le plus du temps l'on en puisse sonder la vraye
» origine , et toutefois on les tient non seulement pour veritables,
» mais pour grandement auctorisées et sacrosainctes. De telle mar-
» que en trouvons-nous plusieurs tant en Grece qu'en la ville de
» Rome. Et de cette même façon avons-nous presque tiré entre
» nous , l'ancienne opinion que nous eusme de l'Aurislamme, l'in-
» vention de nos Fleurs de Lys que nous attribuons à la Divinité, et
» plusieurs autres telles choses , lesquelles , bien qu'elles ne soient

cru, ayans tousjours des Roys si bons en la paix, si
vaillans en la guerre, que encores qu'ils naissent Roys,
si semble-il qu'ils ont esté non pas faits comme les autres par nature, mais choisis par le Dieu tout-puissant, devant que naistre, pour le gouvernement et la
garde de ce Royaume. Encores quand cela n'y seroit
pas, si ne voudrois-je pas entrer en lice, pour debattre la verité de nos histoires, ny l'esplucher si prive-
ment pour ne tollir ce bel estat, où se pourra fort es-
crimer nostre Poësie Françoise, maintenant non pas
accoustrée, mais, comme il semble, faite tout à neuf,
par nostre *Ronsard*, nostre *Baif,* nostre *du Bellay,*
qui en cela avancent bien tant nostre Langue, que
j'ose esperer, que bien-tost les Grecs ny les Latins
n'auront gueres pour ce regard devant nous, sinon
possible que le droit d'aisnesse. Et certes je ferois
grand tort à nostre rithme (car j'use volontiers de ce
mot, et il ne me desplait) pource qu'encores que plusieurs l'eussent renduë mechanique, toutefois je voy
assez de gens, qui sont à mesmes pour la r'anoblir,
et luy rendre son premier honneur. Mais je luy ferois,

» aidées d'Autheurs anciens, si est-ce qu'il est bien seant à tout bon
» Citoyen de les croire pour la majesté de l'Empire. » Tout cela ré-
duit à sa juste valeur, signifie, que c'est par complaisance qu'il
faut croire ces sortes de choses, *ch'il crederle è cortesia.* — Dans
un autre endroit du même ouvrage (*liv. II, ch.* 17) Pasquier remarque qu'il y a eu des Rois de France qui ont eu pour Armoiries
Trois Crapaux, mais que Clovis, *pour rendre son Royaume
plus miraculeux, se fit apporter par un Hermite, comme par ad-
vertissement du Ciel, les fleurs de Lys lesquelles se sont continuées
jusques à nous.* Ce dernier passage n'a pas besoin de commentaire.
L'Auteur y déclare fort nettement et sans détour, à qui l'on doit attribuer l'*invention de Fleurs de Lys.*

dy-je, grand tort de luy oster maintenant ces beaux contes du Roy *Clovis*, ausquels desja je voy, ce me semble, combien plaisamment, combien à son aise s'y esgayera la veine de nostre Ronsard en sa *Franciade*. J'entens sa portée, je conois l'esprit aigu, je sçay la grace de l'homme. Il fera ses besongnes de l'Oriflan, aussi bien que les Romains de leurs Anciles, (d) *et des boucliers du Ciel en bas jettez*, ce dit Virgile. Il mesnagera nostre Ampoulle aussi bien que les Atheniens leur * panier d'Erisicthone. Il se parlera de nos armes encores dans la tour de Minerve. Certes je serois outrageux de vouloir desmentir nos livres, et de courir

---

[d] — *Et lapsa ancilia Cœlo.*

VIRG. *Æneid.* l. VIII, v. 664.

* Dans les deux Éditions que j'ai données de LA SERVITUDE VOLONTAIRE, je n'avois pù rendre raison de ce que veut dire ici *La Boëtie :* mais un habile homme qui a mis au jour, en 1735, une traduction Angloise de cet Ouvrage, d'un style plus net, plus coulant et plus poli que l'Original, ayant mis ici une Note très-curieuse qui ne laisse rien à desirer sur cet article, la voici fidellement traduite en faveur de ceux qui pourroient ignorer comme moi, ce que c'est que le *panier d'Erisicthone.*

« CALLIMAQUE dans son *Hymne à Cérès* parle d'une Corbeille
» qu'on supposoit descendre du Ciel, et qui étoit portée sur le soir
» dans le Temple de cette Déesse, lorsqu'on célébroit sa Fête.
» *Suidas* sur le mot Καννφοροι, *Porteurs de Corbeilles*, dit que la
» cérémonie des Corbeilles fut instituée sous le Regne d'Erisicthon,
» et c'est peut-être sur cela que La Boëtie s'est avisé de l'appeller
» *Panier d'Erisicthone.* Il peut sembler d'ailleurs, que c'est à
» quoi Callimaque fait allusion dans son Hymne, ψ 32, où il dit
» *qu'Eresicthon prit une résolution plus impie*, à présent qu'Ere-
» sicthon insulte Cérès, et coupe un Arbre consacré à cette Déesse :
» dont il fut puni par une Faim insatiable, comme *Ovide* le rap-
» porte fort au long vers la fin du VIIIe Livre de ses Metamorphoses,
» d'après Callimaque de qui Ovide a emprunté cette Fable. —
» C'est ainsi que le Traducteur Anglois a tasché d'éclaircir cet en-
» droit de *La Servitude Volontaire*, sur lequel M. *Coste* n'avoit

ainsi sur les terres de nos Poëtes. Mais pour revenir d'où je ne sçay comment j'avois destourné le fil de mon propos, a-il jamais esté que les Tyrans, pour s'asseurer, n'ayent toujours tasché d'accoutumer le peuple envers eux, non pas seulement à l'obeïssance et servitude, mais encores à devotion? Doncques ce que j'ay dit jusques icy, qui aprend les gens à servir volontiers, ne sert gueres aux tyrans, que pour le menu et grossier populaire. Mais maintenant je viens à mon advis à un poinct lequel est le secret et (45) le resourd de la domination, le soustien et fondement de la Tyrannie. Qui pense que les hallebardes des gardes, l'assiette du guet, garde les Tyrans, à mon jugement se trompe fort : ils s'en aydent, comme je croy, plus pour la formalité et espouvantail, que pour fiance qu'ils y ayent. Les Archers gardent d'entrer dans les Palais les malhabiles, qui n'ont nul moyen, non pas les bien armez, qui peuvent faire quelque entreprinse. Certes des Empereurs Romains il est aisé à compter, qu'il n'y en a pas eu tant, qui ayent eschappé quelque danger par le secours de leurs Archers, comme de ceux-là qui ont esté tuez par leurs gardes. Ce ne sont pas les bandes de gens à cheval, ce ne sont pas les compagnies de gens à pied, ce ne sont pas les armes, qui defendent le Tyran. Mais on ne le croira pas du premier coup : toutesfois il est vray. Ce sont tousjours quatre ou cinq qui maintiennent le Tyran, quatre

---

» point fait de note, et qui paroist assez obscur, de la manière que
» La Boëtie a trouvé bon de l'exprimer.
(45) *Le ressort.*

ou cinq qui luy tiennent le pays tout en servage. Tousjours il a esté que cinq ou six ont eu l'oreille du Tyran et s'y sont approchez d'eux-mesmes, ou bien ont esté appellez par luy, pour estre les complices de ses cruautez, les compagnons de ses plaisirs, macquereaux de ses voluptez, et communs au bien de ses pilleries. Ces six addressent si bien leur Chef, qu'il faut pour la société qu'il soit meschant, non pas seulement de ses meschancetez, mais encores des leurs. Ces six ont six cens, qui profitent sous eux, et font de leurs six cens ce que les six font au Tyran. Ces six cens tiennent sous eux six mille, qu'ils ont eslevez en estat, ausquels ils ont fait donner, ou le gouvernement des Provinces, ou le maniement des deniers, afin qu'ils tiennent le main à leur avarice et cruauté, et qu'ils l'executent quand il sera temps, et facent tant de mal d'ailleurs, que ils ne puissent durer que sous leur ombre, ny s'exempter que par leur moyen des Loix et de la peine. Grande est la suyte, qui vient après de cela. Et qui voudra s'amuser à devuyder ce filet, il verra, que non pas les six mille, mais les cent mille, les millions, par ceste corde, se tiennent au Tyran, s'aydant d'icelle, comme en Homere Jupiter qui se vante, s'il tire la chaîne, d'amener vers soy tous les Dieux. De-là venoit la creuë du Senat sous Jule, l'establissement de nouveaux estats, élection d'offices, non pas certes, à bien prendre, reformation de la Justice, mais nouveaux soutiens de la Tyrannie. En somme l'on en vient là par les faveurs, par les gains, ou regains que l'on a avec les Tyrans, qu'il se trouve quasi autant de

gens, ausquels la tyrannie semble estre profitable,
comme de ceux, à qui la liberté seroit agreable. Tout
ainsi que les Medecins disent, qu'à nostre corps s'il y
a quelque chose de gasté, dèslors qu'en autre endroit (46) il s'y bouge rien, il se vient aussi tost rendre vers ceste partie vereuse : Pareillement deslors
qu'un Roy s'est declaré Tyran, tout le mauvais, toute
la lie du Royaume, je ne dy pas un tas de larronneaux, et (47) d'essorillez, qui ne peuvent gueres
faire mal ny bien en une Republique : mais ceux qui
sont taxez d'une ardente ambition, et d'une notable
avarice, s'amassent autour de luy, et le soustiennent,
pour avoir part au butin, et estre sous le grand Tyran, tyranneaux eux-mesmes. Ainsi font les grands
voleurs et les fameux coursaires. Les uns descouvrent
le pays, les autres (48) chevalent les voyageurs, les
uns sont en embusche, les autres au guet, les uns mas-
sacrent, les autres despouillent, et encores qu'il y ait
entre eux des préeminences, et que les uns ne soyent
que valets, et les autres les chefs de l'assemblée, si
n'y en a-il à la fin pas un, qui ne se sente du principal
butin, au moins de la recherche. On dit bien que les
Pirates Ciliciens ne s'assemblerent pas seulement en si

---

(46) *Il s'y fait quelque fermentation, quelque tumeur.* — De
Bouge, qui, selon Nicot, *signifie ce qui est comme renflé, et sortant en tumeur,* — est venu *Bouger* dans le sens qu'on l'emploie ici.

(47) De faquins, de gens perdus de reputation, qui ont été con-
damnez à avoir les oreilles coupées. — *Essorillez* ou *Essoreillez,*
Rei auribus diminuti : *Nicot.*

(48) Poursuivent les voyageurs pour les détrousser. *Chevaler un
homme, comme on chevale les perdrix,* captare : *Nicot.*

grand nombre, qu'il falust envoyer contre eux Pom-
pée le grand. Mais encores tirerent à leur alliance
plusieurs belles Villes et grandes Citez, aux hasvres
desquelles ils se mettoyent en grande seureté, reve-
nans des courses, et pour recompense leur bailloyent
quelque proufit du recellement de leurs pilleries.

Ainsi le Tyran asservit les Sujets les uns par le
moyen des autres, et est gardé par ceux, desquels,
s'ils valoyent rien, il se devroit garder, mais, comme
on dit, pour fendre le bois il se fait des coings du bois
mesme. Voilà ses Archers, voilà ses Gardes, voilà ses
Hallebardiers. Il n'est pas qu'eux - mesmes ne souffrent quelquefois de luy. Mais ces perdus, ces abandonnez de Dieu et des hommes sont contens d'en
durer du mal, pour en faire, non pas à celuy qui leur
en fait, mais à ceux qui en endurent comme eux, et
qui n'en peuvent mais. Et toutesfois voyant ces gens-
là, qui (49) naquettent le Tyran, pour faire leurs
besongnes de sa tyrannie et de la servitude du peuple, il me prend souvent esbahissement de leur mes-
chanceté, et quelquefois quelque pitié de leur grande
sottise. Car, à dire vray, qu'est-ce autre chose de s'ap-
procher du Tyran, sinon que de se tirer plus arriere
de la Liberté, et (par maniere de dire) serrer à deux

---

(49) *Flattent le Tyran, lui font servilement la Cour.* Du temps
de *Nicot* on appelloit *Naquet* le Garçon, qui dans le Jeu de Paume
sert les Joueurs : et c'est de ce mot, qui n'est plus en usage, qu'a
été formé *Naqueter*, ou *Nacqueter*, qu'on a conservé dans le *Dictionnaire de l'Academie Françoise.*

mains et embrasser la servitude ? Qu'ils mettent un petit à part leur ambition, qu'ils se deschargent un peu de leur avarice : et puis, qu'ils se regardent eux-mesmes, qu'ils se reconoissent, et ils verront claire-ment, que les villageois, les paysans, lesquels tant qu'ils peuvent ils foullent aux pieds, et en font pis que des forsats ou esclaves : ils verront, dis-je, que ceux-là ainsi mal-menez, sont toutesfois au prix d'eux for-tunez, et aucunement libres. Le Laboureur et l'Ar-tisan, pour tant qu'ils soyent asservis, en sont quittes, en faisant ce qu'on leur dit. Mais le tyran voit les autres qui sont près de luy, coquinans et mendians sa faveur. Il ne faut pas seulement qu'ils facent ce qu'il dit, mais qu'ils pensent ce qu'il veut : et souvent, pour luy satisfaire, qu'ils previennent encore ses pen-sées. Ce n'est pas tout à eux de luy obeyr, il faut en-core lui complaire ; il faut qu'ils se rompent, qu'ils se tourmentent, qu'ils se tuent à travailler en ses affai-res, et puis qu'ils se plaisent de son plaisir, qu'ils lais-sent leur goust pour le sien, qu'ils forcent leur com-plexion, qu'ils despouillent leur naturel. Il faut qu'ils prennent garde à ses paroles, à sa voix, à ses signes, à ses yeux : qu'ils n'ayent ni yeux, ni pieds, ni mains, que tout ne soit au guet, pour espier ses volontez, et pour descouvrir ses pensées. Cela est-ce vivre heu-reusement ? cela s'appelle-il vivre ? Est-il au monde rien si insupportable que cela, je ne dis pas à un homme bien nay, mais seulement à un qui ait le sens commun, ou sans plus, la face d'un homme ? Quelle condition est plus miserable que de vivre ainsi, qu'on n'ait rien à soy, tenant d'autruy son aise, sa liberté, son corps et sa vie?

Mais ils veulent servir pour gaigner des biens : comme s'ils pouvoyent rien gaigner qui fust à eux, puis que ils ne peuvent pas dire d'eux, qu'ils soyent à eux-mesmes. Et comme si aucun pouvoit rien avoir de propre sous un Tyran, ils veulent faire que les biens soyent à eux, et ne se souviennent pas que ce sont eux qui luy donnent la force, pour oster tout à tous, et ne laisser rien, qu'on puisse dire estre à personne. Ils voyent que rien ne rend les hommes sujets à sa cruauté, que les biens : qu'il n'y a aucun crime envers luy digne de mort que le dequoy * : qu'il n'aime que les richesses : ne desfait que les riches, qui se viennent presenter comme devant le boucher, pour s'y offrir ainsi pleins et refaits, et luy en faire envie. Ces favoris ne se doyvent pas tant souvenir de ceux qui ont gaigné autour des Tyrans beaucoup de biens, comme de ceux qui ayans quelque temps amassé, puis après y ont perdu et les biens et la vie. Il ne leur doit pas venir en l'esprit, combien d'autres y ont gaigné de richesses, mais combien peu ceux-là les ont gardées. Qu'on descouvre toutes les anciennes histoires, qu'on regarde toutes celles de nostre souvenance, et on verra tout à plein, combien est grand le nombre de ceux qui ayans gaigné par mauvais moyens l'oreille des Princes, et ayans ou

---

* *Que de posséder quelque chose.* On dit encore dans le même sens, en certaines provinces, *avoir de quoi.*

employé leur mauvaistié ou abusé de leur simplesse, à
la fin par ceux-là mesmes ont esté aneantis, et autant
que ils avoyent trouvé de facilité pour les eslever,
autant puis après y ont-ils trouvé d'inconstance pour
les y conserver. Certainement en si grand nombre
de gens, qui ont esté jamais près des mauvais Roys,
il en est peu, ou comme point, qui n'ayent essayé
quelquefois en eux-mesmes la cruauté du Tyran,
qu'ils avoyent devant attisée contre les autres : le plus
souvent s'estans enrichis, sous ombre de sa faveur,
des despouilles d'autruy, ils ont eux-mesmes enrichy
les autres de leur despouille.

Les gens de bien mesmes, si quelquefois il s'en
trouve quelcun aimé du Tyran, tant soyent-ils avant
en sa grace, tant reluise en eux la vertu et intégrité,
qui voire aux plus meschans donne quelque reverence
de soy, quand on la void de prés : mais les gens de
bien mesmes ne sauroyent durer, et faut qu'ils se sentent du mal commun, et qu'à leurs despens ils es-
prouvent la Tyrannie. Un Seneque, (50) un Burre,
un Trazée (51), ceste terne de gens de bien, desquels
mesme les deux leur mauvaise fortune les approcha
d'un Tyran, et leur mit en main le maniement de
ses afaires : tous deux estimez de luy, et cheris, et
encores l'un l'avoit nourri, et avoit pour gage de son

---

(50) Un Burrhus, un Thraseas.

(51) Ce *Trio*, pourroit on dire aujourd'hui, s'il étoit permis d'employer le mot de *trio* dans un sens grave et sérieux, ce que l'Usage
défend absolument.

amitié, la nourriture de son enfance : mais ces trois-là sont suffisans tesmoins par leur cruelle mort, combien il y a peu de fiance en la faveur des mauvais maistres. Et, à la verité, quelle amitié peut-on esperer en celuy qui a bien le cœur si dur, de haïr son Royaume, qui ne fait que luy obeyr ; et lequel (52), pour ne se savoir pas encores aimer, s'appovrit luy-mesme, et destruit son Empire?

Or si on veut dire, (53) que ceux-là pour avoir bien vescu sont tombez en ces inconvéniens, qu'on regarde hardiment autour (54) de celuy-là mesme, et on verra que ceux qui vindrent en sa grace, et s'y maintindrent par meschancetez, ne furent pas de plus longue durée. Qui a ouy parler d'amour si abandonnée, d'affection si opiniastre? qui a jamais leu

(52) Car un Roi qui auroit les yeux ouverts sur ses intérêts, ne sauroit s'empêcher de voir, qu'en *appauvrissant ses Sujets il s'appauvriroit aussi certainement lui-même, qu'un Jardinier qui après avoir cueilli le fruit de ses Arbres, les couperoit pour les vendre.* C'est ce qu'Alexandre-le-Grand comprit si bien, qu'il se fit une loi de n'imposer aux Peuples qu'il conquit en Asie, que le même tribut qu'ils avoient accoutumé de payer à Darius : sur quoi quelqu'un lui ayant remontré qu'il pouvoir tirer de plus gros revenus d'un si grand Empire, il répondit : *Qu'il n'aimoit pas le Jardinier qui coupoit jusqu'à la racine des Choux dont il ne devoit cueillir que les feuilles.* Cette réponse est fondée sur le simple sens commun : cependant on trouve dans l'Histoire quantité de Princes qui ont mieux aimé suivre l'exemple du Jardinier qui s'avise sottement de tarir lui-même la source de son revenu, que d'imiter la sage modération d'Alexandre, par laquelle il s'assuroit un fonds de richesses inépuisable.

(53) Que Burrhus, Seneque et Thraseas ne sont tombez dans ce inconveniens que pour avoir été gens de bien.

(54) De *Neron.*

d’homme si obstinément acharné envers femme, que de celuy-là envers Poppée? Or fut elle après (55) empoisonnée par luy-mesme. Agrippine sa mere avoit tué son mary *Claude*, pour luy faire place en l’Empire. Pour l’obliger elle n’avoit jamais fait difficulté de rien faire ny de souffrir. Donc son fils mesme, son nourrisson, son Empereur fait de sa main (56), après l’avoir souvent faillie, luy osta la vie : et n’y eut lors personne, qui ne dist, qu’elle avoit fort bien merité ceste punition, si c’eust esté par les mains de quelque autre, que de celuy qui la luy avoit baillée. Qui fut oncques plus aisé à manier, plus simple, pour le dire mieux, plus vray niaiz, que Claude l’Empereur? Qui fut oncques plus coiffé de femme que luy de Messaline? Il la mit enfin entre les mains du bourreau. La simplessse demeure tousjours aux Tyrans, s’ils en ont à ne savoir bien faire. Mais je ne say comment à la fin, pour user de cruauté, mesmes envers ceux qui leur sont prés, si peu qu’ils ayent d’esprit, cela mesme s’esveille. Assez commun est le beau mot (57) de cestuy-là, qui voyant la gorge

---

(55) Selon *Suetone* et *Tacite*, Neron la tua d’un coup de pied qu’il lui donna dans le temps de sa grossesse. *Poppæam*, dit le premier dans la Vie de Néron, § 35, *unicè dilexit : et tamen ipsam quoque ictu calcis occidit.* Pour Tacite, il ajoute que c’est plutôt par passion que sur un fondement raisonnable, que quelques Écrivains ont publié, que Poppée avoit été empoisonnée par Néron. *Poppæa*, dit-il, *mortem obiit fortuitâ mariti iracundiâ, à quo gravida ictu calcis afflicta est. Neque enim venenum crediderim, quamvis quidam scriptores tradant odio magis quàm ex fide.* Annal. l. XVI, *ab initio.*

(56) Voyez *Suetone* dans la Vie de Neron, § 34.

(57) De *Caligula*, lequel, dit Suetone dans sa Vie, § 33, *Quoties*

descouverte de sa femme, qu'il aimoit le plus, et sans laquelle il sembloit qu'il n'eust sceu vivre, il la caressa de ceste belle parole : *Le beau col sera tantost couppé, si je le commande.* Voilà pourquoy la pluspart des Tyrans anciens estoyent communément tuez par leurs favorits, qui ayans conu la nature de la Tyrannie, ne se pouvoyent tant asseurer de la volonté du Tyran, comme ils se desfioient de sa puissance. Ainsi fut tué Domitian (58) par Estienne, Commode (59) par une de ses amies mesmes (60), Antonin par Marin, et de mesme quasi tous les autres.

C'est cela, que certainement le Tyran n'est jamais aimé, ny n'aime. L'amitié, c'est un nom sacré, c'est une chose saincte, elle ne se met jamais qu'entre gens de bien, ne se prend que par une mutuelle estime : elle s'entretient, non tant par un bienfait, que par la bonne vie. Ce qui rend un ami asseuré de l'autre, c'est la conoissance qu'il a de son integrité. Les respondans qu'il en a, c'est son bon naturel, la foy,

---

uxoris vel amiculæ collum exoscularetur, addebat : Tàm bona cervix, simul ac jussero, demetur.

(58) *Suetone,* dans la Vie de *Domitien,* § 17.

(59) Qui se nommoit *Marcia :* Herodien, l. I.

(60) *Antonin Caracalla,* qu'un Centurion nommé *Martial* tua d'un coup de poignard, à l'instigation de *Macrin,* comme on peut voir dans *Herodien,* l. IV, *vers la fin.* — C'est sans doute l'Imprimeur qui a mis ici *Marin* au lieu de *Macrin.* Estienne de La Boëtie ne pouvoit pas se tromper au nom de *Macrin,* trop connu dans l'Histoire, puisqu'il fut élu Empereur à la place d'Antonin Caracalla.

et la constance. Il n'y peut avoir d'amitié, là où est la
cruauté, là où est la desloyauté, là où est l'injustice.
Entre les meschans quand ils s'assemblent, c'est un
complot, non pas compagnie. Ils ne s'entretiennent
pas, mais ils s'entrecraignent. Ils ne sont pas amis,
mais ils sont complices.

Or quand bien cela n'empescheroit point, encores
seroit-il mal-aisé de trouver en un Tyran un'amour
asseurée : parce qu'estant au dessus de tous, et n'ayant
point de compagnon, il est desja au de là des bornes
de l'amitié, qui a son gibier en l'équité, qui ne veut
jamais clocher, ains est tousjours esgale. Voilà pourquoy il y a bien (ce dit-on) entre les volleurs quelque
foy au partage du butin, pource qu'ils sont pairs et
compagnons, et que s'ils ne s'entr'aiment, au moins
ils s'entrecraignent : et ne veulent pas, en se des-
unissant, rendre la force moindre. Mais du Tyran
ceux qui sont les favorits ne peuvent jamais avoir
aucune asseurance, de tant qu'il a prins d'eux mesmes
qu'il peut tout, et qu'il n'y a ny droit ny devoir aucun
qui l'oblige, faisant son estat de compter sa volonté
pour raison, et n'avoir compagnon aucun, mais
d'estre de tous maistre. Donques n'est-ce pas grand'
pitié, que voyant tant d'exemples apparens, voyant
le danger si present, personne ne se veuille faire sage
aux despens d'autruy? et que tant de gens s'approchent si volontiers des Tyrans, qu'il n'y ait pas un,
qui ait l'advisement et la hardiesse de leur dire, ce
que dit (comme porte le conte) le Renard au Lyon,

qui faisoit le malade : *Je t'irois voir de bon cœur en ta lasniere ; mais je voy assez de traces de bestes, qui vont en avant vers toy, mais en arrière qui reviennent, je n'en voy pas une.*

Ces miserables voyent reluire les thresors du Tyran, et regardent tous estonnez les rayons de sa braverie, et allechez de ceste clarté ils s'approchent et ne voyent pas qu'ils se mettent dans la flamme, qui ne peut faillir à les consumer. Ainsi le Satyre indiscret (comme disent les fables) voyant esclairer le feu trouvé par le sage Promethé (61), le trouva si beau, qu'il l'alla baiser, et se brusler. Ainsi le Papillon, qui esperant jouyr de quelque plaisir, se met dans le feu, pource qu'il reluit, il esprouve l'autre vertu, cela qui brusle, ce dit le Poëte Lucan. Mais encores mettons que ces mignons eschappent les mains de celuy qu'ils servent, ils ne se sauvent jamais du Roy qui vient après. S'il est bon, il faut rendre compte, et reconoistre au moins lors la raison. S'il est mauvais, et pareil à leur maistre, il ne sera pas qu'il n'ait aussi bien ses favorits, lesquels communément ne sont pas contens d'avoir à leur tour la place des autres, s'ils n'ont encores le plus souvent et les biens et la vie. Se peut-il donc faire qu'il se trouve aucun qui, en si grand

---

(61) Ceci est pris d'un traité de Plutarque, intitulé : *Comment on pourra recevoir utilité de ses Ennemis*, ch. II de la traduction d'A-myot, dont voici les propres paroles : *Le Satyre voulut baiser et embrasser le feu la premiere fois qu'il le vid : mais Prometheus luy cria : Bouquin, tu pleureras la barbe de ton menton, car il brusle quand on y touche.*

peril, avec si peu d'asseurance, vueille prendre ceste malheureuse place, de servir en si grand'peine un si dangereux maistre ! quelle peine, quel martyre est-ce, vray Dieu : Estre nuict et jour après pour songer pour plaire à un, et neantmoins se craindre de luy plus que d'homme du monde : avoir tousjours l'œil au guet, l'oreille aux escoutes, pour espier d'où viendra le coup, pour descouvrir les embusches, pour sentir la mine de ses compagnons, pour adviser qui le trahit, rire à chascun, se craindre de tous, n'avoir aucun ny ennemy ouvert, ny amy asseuré : ayant tousjours le visage riant et le cœur transy : ne pouvoir estre joyeux, et n'oser estre triste !

Mais c'est plaisir de considerer qu'est-ce qui leur revient de ce grand tourment, et le bien qu'ils peuvent attendre de leur peine et de ceste miserable vie ! Volontiers le peuple, du mal qu'il souffre, n'en accuse pas le Tyran, mais ceux qui le gouvernent. Ceux-là, les peuples, les Nations, tout le monde à l'envy, jusques aux paysans, jusques aux laboureurs, ils savent leurs noms, ils deschiffrent leurs vices : ils amassent sur eux mille outrages, mille vilenies, mille maudissons. Toutes leurs oraisons, tous leurs vœux sont contre ceux-là. Tous les malheurs, toutes les pestes, toutes les famines, il les leur reprochent : et si quelquefois ils leur font par apparence quelque honneur, lors mesmes ils les maugréent en leur cœur, et les ont en horreur plus estrange, que les bestes sauvages. Voilà la gloire, voilà l'honneur qu'ils reçoyvent de leur service envers les gens, desquels quand chascun auroit une piece de leur corps, ils ne seroyent pas encores (ce semble) satisfaits, ny à demy saoulez de leur peine. Mais certes encores aprés qu'ils sont morts, ceux qui viennent aprés, ne sont jamais si paresseux, que le nom de ces (62) *Mange-peuples* ne soit noircy de l'encre de mille plumes, et leur reputation deschirée dans mille livres, et les os mesmes, par maniere de dire, trainez par la posterité, les punissant encores après la mort de leur meschante vie ! Apprenons donques quelquefois, apprenons à bien faire : levons les yeux vers le ciel, ou bien pour nostre honneur, ou pour l'amour de la mesme vertu, à Dieu tout-puissant, asseuré tesmoin de nos faits, et juste juge de nos fautes. De ma part, je pense bien, et ne suis pas trompé puis qu'il n'est rien si contraire à Dieu, tout libéral et debonnaire, que la tyrannie, qu'il reserve bien là-bas à part pour les Tyrans, et leurs complices, quelque peine particuliere.

(62) C'est le titre qu'on donne à un Roi dans *Homere* (Δημόβορος Βασιλεὺς *Iliad.* A. v. 231), et dont *La Boëtic* regale très-justement ces Premiers Ministres, ces Intendans ou Surintendans des Finances qui par les impositions exoessives et injustes dont ils accablent le Peuple, gâtant et depeuplant les Païs dont on leur a abandonné le soin, font bien-tôt d'un puissant Royaume où fleurissoient les Arts, l'Agriculture et le Commerce, un Desert affreux où règne la Barbarie et la Pauvreté, jettent le Prince dans l'indigence, le rendent odieux à ce qui lui reste de Sujets, et méprisable à ses Voisins. Ce sont là des *Mangeurs de Peuple* qui aiment bien moins les hommes qu'un Jardinier n'aime les Arbres de son Jardin. Aussi ne songent-ils qu'à profiter du dégât qu'ils font, sans se mettre en peine de ce qui pourra arriver au Jardin, ou au Maître du Jardin.

TABLE.

FIN DE LA TABLE DU TOME ONZIÈME.

www.ingramcontent.com/pod-product-compliance
Lightning Source LLC
LaVergne TN
LVHW050312060726
842525LV00002B/515